Grafffenried, Christoph von

The Graffenried manuscripts

Inktank publishing

Grafffenried, Christoph von

The Graffenried manuscripts

Inktank publishing, 2018

www.inktank-publishing.com

ISBN/EAN: 9783747768853

German American Annals

CONTINUATION OF THE QUARTERLY

AMERICANA GERMANICA

New Series, Vol. XI. Nos. 5 and 6. Sept., Oct., Nov., and Dec. 1913. Old Series, Vol. XV. Nos. 5 and 6.

THE GRAFFENRIED MANUSCRIPTS.

The German Manuscript of Graffenried on the New Bern Settlement; Letters of Swiss-German Colonists in Carolina, 1711; *a French Letter of Graffenried to Governor Hyde, Relating to His Capture by the Indians, and His Escape.*

Searching the Swiss archives for materials of American history, a quest undertaken under the auspices of the Carnegie Institution, the Graffenried manuscripts naturally came prominently into my view. They are numerous, and are not to be found together in one place. They are of two kinds, those descriptive of Graffenried's ventures and adventures in America, and those telling the story of his life.

Their author, Christoph von Graffenried, was a gifted son of the Bernese aristocracy, but as he himself would have us believe, born under an unlucky star. His brilliant social qualifications brought him into favor in England and France, even at the courts of Charles II, and Louis XIV, but the paternal hand of the austere Anton Graffenried was withdrawn at each moment that seemed propitious for transforming social success into some position with earnings more substantial. After his return to Switzerland, Christoph von Graffenried might have led a happy life (and sunk into oblivion) as Alt Landvogt von Iferten (Yverdon), if wars and the quartering of soldiers had not diminished and spent his income. Then came the plan of recouping his fortunes by means of a colonization scheme in the English colonies of America. Beginnings were being made by Ritter & Co., of

Bern, Graffenried had friends in England, he was not past the prime of life (born in 1661), his prospects seemed brilliant. In July, 1710, he set sail from England as Landgrave of Carolina, but alas with a title greater than his power and purse. The difficulties, successes and failures of the colony at New Bern, which he founded, are narrated in a number of manuscripts, among them the German manuscript, which is printed for the first time below. The note of disappointment that prevails is relieved somewhat by the subjoined letters of the colonists, who express very great satisfaction with their new home. Like many other founders of colonies, Graffenried never reaped the reward of his labors, though they subsequently bore abundant fruit. His old enemy, debt, was the main cause of his failure, for persistent, courageous and energetic he was, though seeming to desert his enterprise. Mistrusted and maligned he returned to Bern, in December, 1713, only to meet the cold reception which wealthy peers will grant a bankrupt.

Wielding a facile pen, he wrote and rewrote his story of the settlement of New Bern in French and German, to explain his course of action and defend his good name. In 1721 Graffenried's fortunes mended somewhat, he became justice and owner of the ancestral domain of Worb, to which he succeeded absolutely in 1730 on the death of his father. The founder of New Bern lived to the age of eighty-two years, and he frequently took up his pen to confess, portray and reflect.

The manuscripts that I have found and examined are (1) those describing the colony of New Bern, including his capture by the Indians and escape, four in number, which for convenience I call A, B, C, and D; (2) those telling the story of his life, or furnishing biographical material, which I call E, and F.

Manuscript A.

Written in French; 105 folio pages; located in the city library of Yverdon (No. 3110). A good description of this manuscript is to be found in the *Revue Historique Vaudoise*, reprinted under the title *New Berne* par John Landry, Lausanne (Imprimerie Lucien Vincent), 1907. A literal translation of the complete manuscript into English appeared in *The Colonial Records of North Carolina* (1886), Vol. 1, pp. 905-985.

Manuscript B.

Written in German; in the possession of W. F. von Mülinen, city librarian of Bern, to whom the bulk of the Graffenried manuscripts were presented by the European branch of the family. This manuscript, written in a very clear hand, not the hand of Graffenried, contains the following:

A large map (Anlage von Neu-Bern, 1710).[1]

Briefe von Graffenried (Beschreibung von Neu-Bern), pp. 1-20.

Handlungs Contract, pp. 21-27.

Memoriale (based on an English work), pp. 28-47.

Briefe von Carolinern, pp. 47-67 (Printed below).

Vorbericht und Relation meines amerikanischen Unterfangens, pp. 68-154 (Printed below).

Manuscript C.

Written in French; the most complete; in possession of W. F. von Mülinen, Bern. Entitled: "Relation du Voyage d'Amerique que le B. de Graffenried a fait, en y amenant une Colonie Palatine et Suisse; et son Retour en Europe." This contains practically all of the material of the A manuscript, and all contained in manuscript B, beginning with p. 68, *i. e.*, the "Relation meines amerikanischen Unterfangens," and besides this a large number of additions.[2]

---

[1] This map seems to be a duplicate of a better one also owned by W. F. von Mülinen, a reproduction of which appears in his work: *Christoph von Graffenried, Landgraf von Carolina, Gründer von Neu-Bern.* Zumeist nach Familienpapieren und Copien seiner amtlichen Berichte von Wolfgang Friedrich von Mülinen. Neujahrsblatt herausgegeben vom Historischen Verein des Kantons Bern für 1897. Bern (Druck u. Verlag v. K. J. Wyss) 1896. This work remains the authoritative sketch of the life and career of Graffenried, since it is the only one based throughout on manuscript sources.

[2] On my return from Switzerland I found awaiting me a copy of the "*Deutsch-Amerikanische Geschichtsblätter: Jahrbuch der Deutsch-Amerikanischen Historischen Gesellschaft von Illinois," Jahrgang 1912,* Copyright 1913 (see my review in *American Historical Review,* January number, 1914), which contains an article by Vincent H. Todd, "Christoph von Graffenried and the Founding of New Bern, N. C." In the preparation of this very readable and trustworthy account of the settlement of New Bern, Mr. Todd has had access to copies of the manuscripts named above A, B and C. On pp. 109-114 of the *Jahrbuch* he gives a summary of the material in the C manuscript which is not to be found in the A and B manuscripts. It will therefore be unnecessary to give here again an account of these additional passages, but I shall confine my observations to certain comparisons made on placing the originals of the manuscripts side by side.

Manuscript D.

Written in French, 10 pages; located in the State Archive of Bern (archivist H. Türler). Title: "Copie d'une Lettre écrite sous date New-Berne en North Caroline le 4ème Janvier 1712 par le Baron de Graffenried—Gouverneur des Palatins en North Caroline à Msr. Ed. Hyde—Gouverneur des Colonie & Provinces de la North Caroline."

Including also: "Copie d'un Traité conclu sous date du mois d'Octobre 1711 entre le Baron de Graffenried et les Indiens de Tuscaroro, etc." Also: "Copie d'une Lettre écrite sous date 8ème Octobre 1711 par Alexandre Spotwood—Lieutenant Gouverneur & Commandant en Chef Les Colonies & Provinces de Virginie—à la Nation des Indiens qui tiennent le Baron de Graffenried prisonnier."

This letter is one of the numerous reports which Graffenried sent to Governor Hyde. The subject matter is confined to the writer's capture by the Indians and his escape. A similar report treating exactly the same subject forms a part of the A manuscript, pp. 21-44 of the original: "Copie de la Relation écrite à Mr. Ed. Hyde, Gouverneur de N. C. le 23 Oct. 1711 touchant sa deliverance miraculeuse des Indiens ou sauvages." The wording of the two manuscripts differs, however, and D manuscript contains the incident of the destruction of the Indian idol by the Bernese colonist. The D manuscript puts Graffenried's return to New Bern into January, the A manuscript has him return much earlier, at the end of October. Graffenried kept copies of his reports (see von Mülinen, *supra*, p. 40), and these, strung loosely together seem to have made the nucleus of manuscript A. Another such report is printed in *Colonial Records of North Carolina*, Vol. 1, pp. 990-992 (reprinted from Williamson's *History of North Carolina*, Vol. 2, p. 283 f.), a report on Lawson's death.

Comparison of the Manuscripts.

Through the kindness of the librarian of Yverdun, Mr. John Landry, the A manuscript was sent to the library of Bern, and I was there enabled to place the manuscripts side by side for comparison. As mentioned above, the A manuscript is written by a number of hands, each detached chapter seems to differ from every other, while the C manuscript is written by the same hand throughout. The A manuscript shows a large number of interlinear corrections, and marks to designate a different succession of the paragraphs for a rewriting. On close inspection it was evident that the interlinear corrections of the A manuscript were all written by the same hand, and furthermore that this hand was the same that wrote the entire C manuscript. My suspicion was aroused that this correcting hand might have been that of Graffenried himself. To get light on this point, Mr. von Mülinen then kindly put his entire collection of Graffenried family letters before me, among them the letters that Christoph von Graffenried wrote to his father at various epochs of his life. The evidence then became complete. Graffenried's handwriting is unmistakable, it was his hand that corrected the A manuscript and later rewrote the whole of it, making many additions and resulting in the C manuscript. The latter is unquestionably the most valuable, being an original, and most complete, and presenting a running account. The German manuscript, which also presents an uninterrupted account, was not written by Graffenried's own hand, but was undoubtedly composed by him, and with its numerous supplements seems to have been intended for the Ratsherren of Bern, or for circulation among German friends of influence. All three manuscripts were composed and written between 1710-1716, the A manuscript was the first draft, the German manuscript came next, and the C manuscript was probably written in 1716.

Two more manuscripts, or manuscript collections, of biographical value, must be mentioned.

Manuscript E.

Written in German; in possession of W. F. von Mülinen, Bern. Title: "Fataliteten Hrn. von Graffenriedt, Alt Landvogt von Iferten und Herrschaft Herrn zu Worb in seinen jüngeren Jahren." I. Teil, 149 pp.; II. Teil, 123 pp. This is the story of the author's social successes in foreign lands, his escapades, his career also at Yverdon. The historical value is slight, but from a literary point of view this is the most delightful product of Graffenried's pen. The "Fataliteten" were written after 1716.

Manuscript F.

Written in French and German; a series of family letters, many of them addressed to Anton von Graffenried; in possession of W. F. von Mülinen, who used them and manuscript E in preparation of his sketch of Christoph von Graffenried, mentioned above.

In selecting some specimens for publication I chose the B in preference to the C manuscript (of which also an accurate copy is in my possession and will be published later), because it is written in German, and with its archaic language and quaint, racy style, may be the most interesting to readers of the GERMAN AMERICAN ANNALS. The letters of Carolina settlers supplement and correct the impression given by Graffenried. The manuscript D was added for its brevity, and freshness, having been written by Graffenried at the moment when he had just made his "miraculous escape" from the Indians. My thanks are due to Mr. W. F. von Mülinen, and Professor H. Türler for permission to print this material for the first time. The copying was done by careful hands, a few emendations were made in the German manuscript by the editor, on comparison with Manuscript C.

ALBERT B. FAUST,
Cornell University.

VORBERICHT.

Diese Relation ist in Eyl geschrieben worden, ohne viel Nachsinnens nur wie meiner schwachen Gedächtnuss nach, die Sachen Eingefallen, sodass hier kein sonderbahrer Stilus zu observieren, und ist Eygendlich Eingerichtet in 12 Capl.: Traverso meiner Societet und anderen die Etwann wiedrige Gedanken gehabt, meiner Conduite halben durch mein Americanisches Unterfangen so ich liecht daher und unversichtig vorgenommen, und meine Zeit in Carolina in Pracht und wohlleben zugebracht. Also hätte ich das Contra gezeigt, der Eingang ist auch dahin gerichtet zu zeigen, dass nicht nur Liederlichkeit mich zu dieser Noht getrieben, sondern auch bedenckliche widerwertigkeiten und unglücklichhafftige Zufähl. So ich bey müssiger Zeit, diese relation refidieren werde, soll ein und anders besser gestelt und eingerichtet seyn.

RELATION

Meines americanischen Unterfangens auffgesetzt auss anlass Etlicher klägten, als hätte unversichtiger wyss, solches Colloneywesen fürgenommen, zum nachtheil und untergang vieler Leüthen, welches aber liecht zu justdificieren.

Nachdemme hievor in meinen Reissen mich in Engelland bey 2 Jahren auffgehalten, an selbigen ohrt unter Carolo II solche Vortheilhafftige und ansehenliche Bekantschafft gemacht, dass so ich daselbsten verblieben, Ich eine Ziemliche fortun zuwegen gebracht; Datheils aus Muntlichen als Schrifftlichen relationen mich der americanischen Landen erkundigen, ohnlängst aber nach genauweren Bericht und insbesonders von einem Bürger hiesiger Statt vernommen, welcher in America 5. oder 6. Jahr sich auffgehalten, was Herlichen Landes, wie wohlfeil, was Freyheit, wass grossen Auffnemmens, gute Handlung, für Riche Bergwerck, und andere gute sachen mehr, insbesonders aber vorgeben, was schönen reichen Silber Mines er Entdeckt und erfunden, in betrachtung, dass ich mit zimlichen Schulden behafftet, welche noch vor meiner Reissen hab, theils meiner Handlung so mir und etlichen andern H. übel aussgeschlagen, von Bürgschafften, grossen Aussgaben in meinen pretensionen, wohlfeillen Zeiten auff dem Amt, denne die armen Bauren nicht Schinden mögen, wegen der Neugemachten reformation, darzu noch die Neuenburgischen Troubles geschlagen, hiemit da wenig prosperieret, zu einem besseren Ambt der weg abgeschnitten, und auf eine gar lange Zeit wegen der Neügemachten reformation, zu einem geringern Ambt kein Hoffnung indessen mit grosser und starcker Famillen beschwert.

So haben meine gedancken gewaltet, was fürzunehmen, die Creditoren zu bestellen, und auch meiner Familie fort zu helffen, da nun in dem Vatterland wenig Hoffnung, einer solchen grossen Nohth zu steüren; gaben mir die schönen propositionen obgemelten Bürgers, welchen zu verschonen hier keinen Nahmen gäbe, vast in die augen, mich auff meine alte und Neüwe fründ in

Engelland, so von hochem ansehen, Tröstend und Verlassen, habe Entlichen eine steiffe resolution gefasset, mein Vatterland zu verlassen, und in Engelland zu sehen, ob die Fortun da mir günstiger seyn wolte. Habe theils von den Creditoren, theils von denen meinigen nicht auffgehalten zu werden, ganz ingeheim meine Reyss vorgenommen, meinem H. Vatter, der da Vermöglich genug die Sorgen meiner Schulden und geschäfften überlassend.

Da ich in Holland angelangt, hätten mich gewisse persohnen schier vor meinem Vorhaben abwendig gemacht, und wahren mir andere Vorschläge gethan, worbey zwar meine Unterhaltung, und noch etwas zu prosperieren hatte, allein funde nicht dass bey diesem genug meine Sach zu retressiern setzte hiemit meine Reyss fort nach Engelland: alwo ich allsobald meine Leüth erfahren, und mir von hochen und andren persohnen solcher Lust gemacht worden, ihn meinem unterfangen fortzufahren, neben Versprechung allerley assistenz, so dass ich mich in Tractat eingelassen Leuth [-laut] welchen mir sehr vortheilhafftige propositionen, Conditionen und Privilegien von den proprietariis absol. Carolia gethan und gegeben worden, welches auch zu einem Schluss gekommen.

Grad zur selbigen Zeit kamen über 1000 Seelen aus Teütschland in Engelland an, alle unter dem Nahmen pfeltzer, darunter aber viel Schweitzer und auss anderen Provinzen Teütschlands zusammen gezogenes Volck, dieses verursachte dem königlichen Hoff, so wohl als den particulatoren viel bedenckens ja auch unsägliche Kösten, so dass mann dieser Leüthen halben embarassirt; desswegen bald ein Edict herauss gieng, womit Maniglichen Erlaubt von diesen Leüthen zu nehmmen und sie zu versorgen, und hatte mann einen guten Theil in alle drey Königreich versendt, welche aber theils wegen ihrer Trägheit, theils aus Jalousie der armen Unterthanen dess Landes, aber nicht so wohl ankommen wie vermeint, so hat man angefangen in America dieser Leüthen ein namhaffte Zahl zu senden, und hat die Königin daran grosse Summen Ertheilen lassen.

Bey solchen Conjuncturen underschiedliche persohnen, von hocher und Mittelmässigen Standes, wurde denen mein unterfangen bekant, mir Eingerathen ob solte ich so eine günstige Gelegenheit mich perfallieren, mir hierbey gute Hoffnung machten, dass so ich eine zimliche Quantite dieser Leüth nemmen wolte, die Königin mir nicht nur den Transport, sondern noch eine considerable Steür für diese Leüth gratificiren würden, welches auch geschächen, und ist die Summa bey nahem auff 4000 pfd. Sterlin kommen, neben dem hatte die Königin der Königlichen Raht noch Land auff der Potomac Rivier vergünstiget, so viel als wir gleichsam nur begehrten, neben starcken recommandationen ann H. Gabry von Virginien, dieses alles und der H. Proprietaryo von Carolina Vortheilhafftig Versprächung, haben diesem Unterfangen ein schönes Absehen geben, und wahre nicht minder Hoffnung, zu einem so glücklichen aussgang als der anfang gut und vortheilhafftig schiene.

Diese Coloney nun zu versorgen und zu versenden, habe eine unbeschreibliche Mühe genommen 1. habe getrachtet zu solchem Vorhaben, gesunde Junge arbeitsamme Leüth ausszulessen, darunter von allerley Nothwendigen Handwercksleüthen. 2. provision von allerley nothwendigen Werckzeüg und sachen. 3. die auch genugsamme und gute Narrung. 4. guten Schiffen und Matrosen, auch über diss Volck gewüsse ober und unter Directoren, alles in guter ordnung zu halten. 5. Damit mir nich einige Negligents oder unwüssenheit attribuiert, habe nichts vorgenommen, ohne wüssen Raht und Instructionen der Königlichen Comité. 6. Die Ober Directoren so wohl auff den Schiffen als hernacher zu Land, wahren 3 persohnen von denn Vornemmsten auss Carolina selbst, so schon viel jahr dorten sich auffgehalten, und denen alles bekant der Enden, als der oberste Richter, Justice of beace, der oberste oder general Felt Messer, Surveyor general und der obrest Einzieher Receyvers general welche grad zur selbigen Zeit wegen ihren Geschäften zu London sich befunden, und von der Königlichen Comite sowohl als von denn Lords prop. Carolina ordiniert, ein Exactes, getreüwes und gutes auffsehen bey diesen Leüthen zu halten. Die unterauffsehren wahren überall 12. von denn ordentlichsten und Ehrbarsten Männren, dess Volcks, dem Schein nach.

Nachdem nun von den Königlichen so wohl den Lord proprietarys, mir und dem Volck alles ordentlich verglichen, geschlossen und ratificiert so haben noch vor der Abreiss, die Königliche Comite ersucht, dass sie etliche ihrer Glieder zu denn Schiffen senden wollten, als in der Schiffart erfahrne die Examiniert, ob alles nach Nohtdurfft wohl eingerichtet, wie dann auch dem Schiff Capitain zuzusprechen, welches auch geschächen, und die ralation in der Comite erstattet worden. Den Tag vor der abfart, gieng ich mit denen zu Londen und bliebten Pfarher nacher Gravesend allwo/: weilen die Bernische nachkommde kleine Colloney Neben Etlichen Associerten Erwartete/: desswegen nicht mitfahren könte: /meinen Abscheid genommen, mit der Nohtwendigen Vermahnung, da denn der Teütsche Prediger H. Cesaar Eine Schöne Predig dem Volck gethan, Sie hiemit alle dem Schutz des allerhöchsten anbefählend, habe sie lassen absäglen, dennoch nicht ohne praecation wegen denn gefährlichen Kriegszeiten, wie dann von den Lord admiral dem Graffen von Bemprok die Gunst Erhalten, dass er den Chef Noris vice admiral befohlen unsere Leüth oder Schiff in das weite Meer oder gegen Portugal, mit seiner Escader zu begleiten, diss geschach in demm Winter. Im Januar da wegen den rauchenden Winden und Stürmen diese Schiff so getrieben worden, dass sie erst nach 13 Wochen in Virginia angelanget welches sambt den gesaltzen Speissen, deren diese Leüth nicht gewohnt, und dass sie so Eng Eingethan, viel Contributioniert dass viel krank worden, und auff dem Meer gestorben, andere da sie ans Land kommen, da sie ihr glust nicht enthalten könten, zu viel Süessen wassers getruncken, und sich mit rauwen Früchten überlästet, dass sie an dem Fieber gestorben; So dass diese Colloney Ehe sie sich recht gesetzt halb aussgestorben. NB: Das Einte Schiff So mit den besten Güteren angefüllt und wo die vermöglichsten Leüth hatte das unglück in der James Rivier in gesicht Eines Änglischen Krieg Schiffs, so aber am Anker, von einem freihen Frantzösischen Caper attaquiert und geblündert zu werden. Hier ist das erste unglück, da die übergebliebene Coloney sich in Virginien, wo sie sehr fründlich Empfangen, erholt, haben sie sich . . . bey 20 Englischen Millen nacher Carolinam Verfügt, welches alles sambt den Güttren viel gekostet. Da sie nun in der Graffschafft Albemarle auf einer Rivier Chouan genant bey einem Obristen N. Pollock genant des Rahts und der Vermöglichsten in Nord Carolina, so hat er diese Leüth aber pro pecunia oder dess werts Versorget, mit Schiffen, dass sie durch denn Sund in die Graffschaft bath auff die Rivier Neüss sind geführet worden, mit Etwas Lebensmittlen nur zur Eüssersten Noht und hat sie der general Feldmesser da auff einen Spitz Landes zwischen der Neüss und Trent Rivier gesetzt. Das orth genant Chatouca, woher nacher das Stattliche Neüw Bern angefangen worden. Hier fangt an die andere fatalitet oder traversen. Dieser General Feldmesser mit Nahmen L. . . . der dann allsobald diese Leüth hätte auff ihr bestimmtes Land und aussgetheilte plantation setzen soln um Zeit zu gewinnen, und Ihr Land alsobald ausszureüten zu kommen: hat sie auff der Mittag Seiten diesen Spitzen Landes, an der Trent Rivier gesetzt, grad am heissesten und ungesundesten ohrt anstatt dass gegen der Nord auff der Neüws Rivier besser und gesunder gewäsen wäre. Allein das thate er um seines Eigen Nuzens willen, weilen diss sein Land wahre, damit es ihme zu Nuzen, von diesen Leüthen ausgereütet wurde: dadoch Er eben das Land sambtl. unsern und theür genug Verkauff, ja ohne recht, dann darzu keinen Theil habe, zu demme es noch mit Indianern besetzt wahr, da Er doch solches uns für frey Verkaufft. Da haben die armen Leüth in grosser noht sich auffhalten müssen biss im Herbst, da ich ankommen, und hätten auss Mangel genugsammer provision bald ihre Kleider und was sie hatten für Nahrung den benachbarten Einwohnern geben müssen; der Jammer und Elend ward schier nüt zu beschreiben, dann ich da bey meiner ankunfft sahe, Meistends alle kranck ja in Extremitet, und die gesunden gantz Deforciert; in wass Labirint und gefahr mich dazu Mahl befunden, ja meines Lebens nicht sicher weiss der liebe Gott.

Lass jemand gedäncken wie meine Bernerleüth, die sonsten mit mir eine glückliche Ueberfahrt gehabt, die platz genug, wohlversehen, bey lustiger und guter Zeit, auch kein Eyniche kranck worden unterwex, in diss Traurige Spihl gesehen, wo Kranckheit, Desperation und der Mangel am Eüssersten, was aber dieses Verursachet, ward theils die schlimme Conduite der ober und unter auffseher und ihre Untreüw, die Vornembste Ursach aber dess ganzen Ohnheils, darauss meistends alle andre Entstanden, und meiner und der Coloney ruin ward die Vermessenheit grosse untreüw und Lieblosigkeit des Obristen Cary, welcher dazumahl auff absterben dess alten Goub. Sich wider recht und Billichkeit und der Lord Proprietarys in der Regierung eintringen wolte, ja wie vernommen gar sein Seckel machen, und mit H. Prop. bezogenen Einkünffte sich darvon machen, und nach Malagaca [Madagascar] begeben wolten, ein ohrt da allerley Seeräuber sich auffhalten.

Dieser Colonel Cary da der Neüw Erwehlte Goub. Hide, obwohl der Königin Verwalter, ich und die obermelte 3 Directores sich anmelden wollen und unsere patente und gewahrsame vor dem Raht procedieren wollen, hat uns alle mit hindansetzung der H. Proprietarys Befelchen frech abgewiesen. So der Lord Prop, mit gethaner Versprechung, auff welche mich sondiert und mein ganzes Unterfangen Beruht, in Nichts worden; hiemit ich mit sambt der ganzen Colloney auff eine unversprechliche Manier dargesetzt; welches dann auff alles was widerwärtig biss auff diese Stund widerfahren. So ist dieser Cary Entlich gar zum rebell worden, und sich mit Spendieren ein anhang gemacht, dass H. Goubt. Hide Es anfangs nicht wagen, darfür mit gewalt sich des Gouvert. in possess zu setzen: um so viel desto minder,: (weilen Er Eigendlich kein Special patenten in Hand:) weilen der Goubt. von Süd-Carolina denn Befelch hatte Ihne zu Installiren, wahren desshalben schon Zeit gesetzt, und an Raht um Carolina Nord geschrieben worden. Das unglück aber hat wollen, das Erwelte Goubernat. von Süd-Carolina Obrist Trent in dieser Zeit gestorben, welches diese Verwirrung verursachet, in diesem Interregno wurde mir aber nicht geholffen, und wahre in solcher grossen und dringenden Noht, da wegen der Entstandenen rebellion, ein jeder für sich auch sorgende, und das seine behielte, die Question aber ob ich mein Leben risquiren und diese ganze Coloney im Stich, ja gar sie vor Hunger verrecken lassen solte, oder ob ich mich in schulden stecken solte, diese arme Leüth in solcher Ertremität zu retten, wie Einem Christen und gut Gemüht war da nicht zu hesitiern weil dazumahl in gantz America meine Ankunfft Erschallet und ich in grossen Credit wahre. So schickte alsobald in Pensilvania für mähl, da zu allem glück schon hier anstalt gethan gegen Virginien, und sonsten hin und her in der Provintz für die Nohtwendigen Lebensmittel/; welches entlich mit auss Ertheilten wexel Brieffen:/ doch langsam genug erfolget: Indessen giengen die unseren und der armen

Leüthen Gütter und wahren auf, für das Nohtwendigste/: So wir theür von denn benachtbarten Einwohnern zuwege gebracht.

Indessen liess ich das Land aussmessen, und jeder famillie Ihren bezirck Landes geben, damit sie aussreüten, Ihre Hütten Bauwen, und Ihr Erdrich zum pflanzen und säyen aussrüsten könten. So langte auch mit grossen Kosten und Mühe provision, an Korn, Saltz, Schweinfett anstatt Butter und gesalzen Fleisch, Item, Baum und andere Erdgewächss an. Allein mit dem Vieh gieng es schwär zu, die Leüthe wolten es nicht holen, wo ich es ihnen anzeigte, und konte ich es ihnen auch nicht gerade vor die Thüre stellen, doch accomodirte mann sich nach und nach, dass diese Leüth Innert 18 Monathen so wohl gesetzt, und ihre Sach so wohl angestellt, dass sie in dieser kurzen Zeit mehr avansciert als Englische Einwohner in 4 jahren, nur Eines, als zum Exempel da in der ganzen provintz nur eine schlechte Wasser Mühli, die da bey Mittel haben Hand Mühlen, die armen stossen ihr korn in einem Stuck in einer holen Eich; und Sieben das Reinste durch ein Körblein, welches viel Zeit weg nimbt, hingegen hatten unsere Leüth bequeme wasser Bächlein ausgesucht, und darbey nach gelegenheit und sterck des wassers Lauff, ordentliche stampfe gemacht, worbey das korn gemahlt, und der gute Hauss Vatter Zeit gewunnen ander werck zu thun. Ich aber hatte schon eine Mühli und Sagi an einem sehr bequemen orth zu bauwen angefangen, aber was geschach, da wir alle Verhoffen nacher grosser Mühi und Sorg die Früchte unserer Arbeit zu geniessen, ohngeacht aller Entstandener widerwertigkeiten Schönes ansehen zu einem guten ablissement, kame der bewerte Sturm dess unglücks durch die wilden Indianer von Etlichen Jalousen und Rachgierigen Rebellen des Carys anhang geblassen, welcher alles über den Hauffen geworffen, die Ergangenheit dieser Tragedie ist einer sonderbahrer relation hiermit unnötig hiervon zu melden, weilen aber auss dess Obrist Carys Verwegener unfründlicher und widerspenstiger procedür alles Unheil so über die provintz mich und die Colloney kommen, Entstanden, so wird eben nicht auss dem weg sein etwas mehrers von diesen Verwirrungen zu melden und zu Continuieren, was weiters nach dess Goubt. Trent tödtlichem Hinscheid Vergangen.

Sobald an die Grenzen Colloney auss Virginia angelangt, und mich in erwartung einer bequemen Fuhr, für mich und meine Leüth im ersten Dorff auffhaltend, kamen eine Truppen der Vornemsten quaquers daher wie dann deren viel der Enden, und sie auch der Vermöglichsten per persuasiven gründen vorgaben, Es gebührte mir als Landgraffen, als der allzeit in einem Interregno und auch sonsten in Absens des Goubt. presidiert: und nach dem Goubt. den Ersten Rang hat; Ich aber bedanckte mich so höfflich der Ehren, respondieren wie dass H. Goubt. Hide würcklich in Virginien und ich einer der Zeügen seye, der da gesehen, wie dass er von denn Lord prop. seye zum Goubt. Erwehlt worden. Ihm auch in Ihrer Rahtstuben zu London congratuliert, zu demm seye er der Königin anverwanter und von Ihr Königl. Mayestet approbiert worden, und obwohl Erwehlter H. keine patenten dermahlen in handen, wurde alsbald eine Erfolgen.

Solte also die provintz keine Bedenken machen, Ihn in Einenweg zu ihrem Goub. anzunehmen, um so viel desto Eher weil doch H. Goub. Trent dem Raht von Carolina solches Notificit. Dieses gefiel Ihm aber nicht und replicierte mir, auff welches aber nicht refutiert, nachdemme sie mit mir gethan, Nahmen sie gantz höfflich von mir Abschied und gingen. Bald hernach mit meinen Leüthen weiter in die provintz kam, und langte bey Obrist Pollock in Chouan an, bey welchem alsobald Raht gehalten worden, von denen so für den Goub. Hiden geneigt, und wurde ich vast possiert selbigem beyzuwohnen, welches, eben in einer so gefährlichen und delicaten sach nicht gangen thäte. So wurde mir allsobald ein plan oder bericht der Situation der Sachen gegeben, und kann ich Liecht observieren, dass wegen meines Carracters so wohl als der quantitet Volcks, sie viel auff mich sehen, indemme die gewicht geben könte, welcher partey ich zuviele, gieng also meiner Meinung dahin, dass ich ein kräfftig Schreiben wolte an Obrist Cary abgehen lassen, ihme eint oder anders wohl representieren, und auch entlich Ihme Treüwen, wo er sich nicht zur gebühr Verstehen wolte, ich mich mit den meinigen mit allen kräfften zu H. Goub. Hide stossen wotte, diss erweckte ihme Gedancken, andere Mensuren zu nemmen.—Doch gab er mir eine gantz stoltze und Schamhaffte antwort. Es schine aber bald hernach ihne zu gereüwen, und arbeiteten wir unter der Hand, dass Entlich ein Verglich gemacht worden, und Verschrieben, namlich dass er Obrist Kary, sambt seinem anhang sich wohl dahin wolte H. Goub. Hide zu einem President dess Rahts, biss von den proprietarys neüwe ordre einlangte, aber nicht zum Goub. zu nehmen, ich verfügte mich indessen Eilends nach Neüw Bern, von wannen mir die Pfälzer geschrieben, so wegen grossen mangel an Victualien in Eüsserster Extremitet währen, da dann grad zur fürsorg bey Collonel Polack Etwas provision verschaffen, war aber bald viel vorhanden, für eine solche, daraufhin ward H. Gob. Hide und kame er auss Virginia in Carolinam, setzte sich ohnweit von dem Obrist Pollack in Duckenfield Plantation bey Salomon Creck, allwo er einzimlich fein Losament [logement] bekame; darum der Obrist Cary beförchtete seinen streich wurde so ihm nicht angehen, was er im Sinn hatte, wovon hier oben gemelt, so hatte Er Subtilerweiss getrachtet den Verglich in seine Hand zu bekommen, da er seinen Nahmen oder unterschrifft wohl gewüsst wegzunehmen, hierauff fing er seine erste partey widerum zu nemmen, einiche sich Vermittlest Spendierens da er alles Schlimme gesind, mit rum oder Prantenwein an seine Seite gebracht, einen sehr starcken anhang entstunde also hierauss eine offendliche rebellion wider Goub. Hide, indessen ward der Mann so listig und abgeschneütz dass er mich zu entschläffen nacher Neüw Bern kam, unterm pretext einer Visite, wo ich ihne zwar regalierte mit dem wenigen, so damahls vorhanden, allein da wir nach der Mahlzeit in Discourss gerahten, über seine ungereimbte Proceduren, sowohl gegen H. Goub. Hide, als mich ja dess ungehorsams gegen seine Oberkeit den Lord prop. ihme Scharff zusprechend, ja mit Treüwen zu Verstehen geben, dass ich solche Mensuren nemmen werde, dass es Ihne gereüwen dörffte. So hat er in beysein 4. seiner Fründ, die Er mitgebracht mir Versprochen mir an Rechnung dessen was mir von dem Lord Prop. Verordnet innert 3. Wochen an getreyd und andre Victualien, Item etwas an Vieh, für 500£ Wehrts zu senden oder Zedlen dafür. H. Goub. Hide betreffend lasst er es in Statuquo. So nahme er abscheid, diess aber war nur mich zu verblenden, welches auch war, dann ich Ihme ins gesicht gesagt, ich förchte die werck werden denn worten nicht respondiren. Dieses Colonels Karys Reiss wahr nicht vergebens, dann er zu seinem Zweck gelangt, weilen durch anstifftung Etlicher Englischer oder Carolinischer H. Einwohner und nechstgelegener plantationen er meine Leüth so abgeschreckt, dass keiner von Hauss oder auss der Coloney sich wagen dörffte, dann es wahre ihnen gedreüt, dass sie nicht Neutral bleiben, sie von Englischen und Indianern überfallen und zu grund gerichtet werden.

Nicht lang hernach schickte mir H. Goub. Hide einen expressen mit einem ganzen paquet Patenten, einer für mich da er mich zum Obrist. gemacht über den Distrikt Baith Counti und mir unterlassen die unterofficieren zu bestellen, ihre Nahmen in albo [blanco] lassend, mich Ernstlich ersucht, Ihme wider die rebellen an die Hand zu gehen. Worauff geantwortet ihme bezeügend wie leid es mir wäre dass seinem Verlangen noch nicht respondieren könte. Mit Bericht was Colonel Kary hier vermerkt, dass meine Leüth garnicht disponiert einiger parthey zuzufallen, sondern resolvieret Neutral zu bleiben, diess gefiel H. Goub. nicht gar wohl, und langte bald ein Scharfferer Befelch ein, Ihm fahl aber nichts erhebliches mich hinüber, welches drey guter Tagreissen von Neüw Bern zu begeben, dem Raht beyzuwohnen, welches ich gethan, zwar schier in forchten, weilen ich auch betreüet worden. Da ich nun bey H. Goub. angelangt, so wahren wir in Raht starck beschäfftiget, wie sich gegen diesen Kary anhang in Sicherheit zu stellen, ordonnirt allsobald eine Comp. zusammengelesener Mannschafft uns zu bewahren und sehen weiter wie etwan eint oder andere gemühter zu zwingen, es kame auch grad in dieser Zeit an, Ein torboulenter Gesell von Londen, welcher mit einem Schiff voll wahren einem quarquer [Quaker] so auch ein glid der prop. zugehörend, dieser Enden Negocieren wolte, wahre allssbald von widriger parthey gewunnen, welche ihnen einen starken Muht mieche. Indemme er wohn mit geschoss, bulver und bley versehen, dieser hatte H. Goub. vast Injouriert und beschreit, vorgeben, er hätte von denn Lord prop. andere ordres aber nit zu Gunsten Etward Hides, welches grossen Zweiffel und Verwirrung macht und uns besser Spihl miecht; dieser hatte insbesonders auch grosse Schaden gethan indemm er einen Wexel von 100£ Setrling mir ungültig miech, sagend er hätte ordre solches zu b'stellen. Da doch das gelt, Hanson und Comp. meinem Correspondent zu Londen schon Erlegt worden, könte hiermit in meiner grossen Noht nichts darvon bekommen: Stelten also dieser Colonel Kary, R. Roch und ein quaquer Em. Low der sich wider den fürnemsten Articul seiner eigener Religion oder sect zu einem Obrist ereignet und kammen wohl profiantiert in einer nacht wo wir Logiert in Obrist Pollock' Hauss, und da wir meistens Raht hielten in einem wohlbewehrt und mit stucken versehenen Briquantin vor die Landung, wir stelten uns auch bestmöglichst in Postur, und hatten nur 2. Stuck und nicht mehr bey uns als etwan 60 bewährter Männer, gegen morgen liessen die rebellen auss dem Briquantin ein paar stuckkuglen fliegen, gegen dem Hauss wo wir inn wahren, wahre aber zu hoch geschossen, striche bloss über die First, so dass es kein Schaden thate, hierauff liessen wir unsere stuck auch ab, gegen dem Briquantin, thaten aber auch kein Schaden. So fiengen die rebellen in 2 kleinen Barquen von Ihrer bewehrten besten Mannschaft gegen das Land zu senden, da wir das in acht nahmen, ordonnierten wir unsere Mannschafft gegen der Leute zur gegenwehr, worunter meine knecht in einer gelben Liberey, welches unser gegenpart nicht wenig erschrecket versursachet, in demme sie Vermeinten meine gantze Colloney halte sich da im Busch, zugleich liessen wir unser Stuck nochmahlen los, da das einte den Mastbaum nur etwas wenigs geschörfft, diesses zusammen thate einen solchen guten Effeckt dass die Barquen zurückkehrten, und sobald sie wiedrum in das Schiff gestiegen, zogen sie die Segel auff und miechten sich fort.

Darauf ordonierten wir die resolviertesten Männer in einer Chaloupen ihnen nachzujagen, Sie könten aber sie nicht Erreichen, allein da sie denn Sond hinuntergefahren, thate das Briquantin an einem bequemen ohrt anlanden, und mieche sich durch einen Wald, die meisten und Vornemsten darvon, so gewonne der kleine Hauffen den grössern, und brachte die Chaloupe, das Briquantin sambt etwas provision und den Stucken hinauff; dieses zertheilte die wiedrige parthey, und Sterckte unsere, so dass wir hierauff gut funden, aussert den Redliss führern die übrigen eine general pardon anzukünden, da sich denn ein jeder, der sich zum Goub. bequemen und Ergeben wolte, unterschrieben, worauff dann ein parlament Versamlung ausgeschrieben worden, bey welchem dann die Sachen dieses Auffruhrs betreffend, Verhandlet wurden.

Die besten Auffrührer, so man Erdappen konte wurden in Verhafft gezogen, die aber ihren Fehler bekenten, und nur durch Auffweissung Debochiert, dem wurde die Annisti accordiert, bey diesem Handel musst ich meistens procediren, welches mich nicht accommodiert, auss forcht mir find zu machen, nachdemme nun Eint und anders so gut möglich Veranstaltet. H. Goub. Hide und mich angenommen und erkent, gieng ein jeder nacher Hauss, der Hoffnung es wurde sich alles stillen, diese Stille währte nicht lang, die Auctores des Auffruhrs recoligierten sich, und der obgemelte Roch setzte sich in eine Insul wohl mit Proviant, Geschoss und Munition versehen, und wiglete auff was er könte, diesen trachtete man zwar auss seinem Nest zu treiben, allein es ward nichts zu schaffen, dieses Feür der Conjurierten Verschwornen gienge nach und nach widrumb an und vermehrte sich, dass das letzte bald Erger wurd, als das erste, bey so bewanten Dingen, funde man das beste, sich umb andere Hilff zu bewerben, wurde ich also zu H. Alexander Spotwood Goub. in Virginien gesandt, mit 2 Rahtsgliedern die man mir zugab, um ihne für Assistenz zu ersuchen, Santen aber zuvor per erpressen ein Schreiben an Goub. Spotwood, welches er ohne das sein Volck auff den Grentzen zu Mustern hatte, Vernamsete mir einen Tag in einem Dorff, so zwischen beyden Prvintzen wahre, so verreissete ich zu wasser grad in dem abgenommen Brigantin, weilen zu Land nicht gar sicher, zudemme wir auch provision auss der Nachtbahrschafft abholen wolten, da wir etliche stund gefahren, Erhub sich ein solcher widerwind, dass wir zurückgetrieben wurden, so nahmen wir eine Canon, ein kleines Enges Schifflein aus einem Stück eines ausgehölten Baums gemacht, und fuhren fort da sich der wind umb etwas gestillet, kamen aber zu spaad die Musterung wahre schon vorbey, allein H. Goub. von Virginien besser berichtet, dass wann ich ankäme ihme allsobald einen expressen gesendt wurde. So schrieb ich ein höfflich Brieff an Ermelten H. welcher den Nächsten Tag mit seinem Secretario und 2 H. sich Einfande an bestimtem Ohrt, wo dann Conferentz gehalten wurde, und H. Goub. mich überaus fründl. Empfangen, diss geschäfft wahre wichtiger als ich Vermeinte, nach übergebenen Credidif fing ich mein proposition an; Es wurde mir aber grad ein starcker Einwurff gethan, namlich dass die Virginischen ganz nicht geneigt wahren, wider die benachbarten Brüder zu streiten, denne sie alle gleiche der Königin Unterthanen und sie eben der Casus nicht sogar just Einmahl hat H. Goub. Hide keine patenten, so müssten wir um ander experienten, und hatte mir H. Spotswood weilen er das erste mahl dass er mich gesehen, an welchem auch wegen denn Virginischen Sachen, von der Königin selbsten Recommandiert wahre etwas angenemmes erweisen, funden Entlich er solte H. Goub. Hide, mir und der Provinz so viel zu gefallen thun, und zur See uns ein Kriegschiff senden mit der gewohnten Soltatesca welche auss der Königin Bedienten in Ihren Rahtskleidern, neben demm dass sie gute Soldaten, viel auswürcken wurden, diss wurde accordiert und nahmme mein fründl. Abscheid von einander, mit was expression er mich zu ihme invitiert, und was für dienst und Erbieten, könte ich nicht genugsam Erzeigen, ich machte mich gantz freüdig nacher Hauss, auff eine so glückliche Negotiation da ich meine relation erstattet, wurde mit einem general aplausu des ganzen Volks Empfangen, und thate diss meinen Credit nicht wenig Vermehren: Bald hernach langte ein braffer Capitain mit seinen tapferen Marens an, nademme Er seinen gruss abgelegt, und H. Goub. Spotwood Brieff übergeben, so thaten wir ihne ersuchen, dass er vor der Versammlung wolte seine Commission darlegen, und so krefftig als möglich dem Landvolck zusprechen, mit bedeüten, dass im fahl die Auffrührer nicht sich gebührend einstellen wolten, mann mit ihnen auff das scherffste procedieren würde.—Auff dieses dörffte sich Niemand mehr rühren, und miechen sich die autores des Auffruhrs auss der provintz, und dörfften sich um so viel minder blicken lassen, weillen von London Brieffen angelangt, mit bericht, wie dass die Lord propryet. H. Eduard Hide zum Goub. von Nord Carolina erwehlt, und seyen desshalben die patenten durch eine Vertraute Persohn versendt, der offtgemelte Colonel Kary, ist neben andren seinen mithafften, in Virginien aretiert, und in einem Schiff wohl verwahrt nacher Londen versendt worden, welchem da der process gemacht worden, die Sach hatte zu Londen viel wesens gemacht; allein dieser Kary ware in seynem Schlimmen handel nach so glückhafftig, dass sich seiner 2. Milord so annahmen, die ihme sein Leben Errettet, ist hiemit auff Bürgschafft lossgelassen worden umb sich zu Deffendieren, ihme der Richter in Carolina angeworden, bleibt also die Sach noch diese Stund da hangen.

Die Verwirrung hatte nicht wenig zum Einfahl der wilden Indianern Contribuiert, in dem Etliche der Meutinier H. Goub. Hide so verhasst gemacht, bey den Indianern, dass sie ihn für ihren Feind angesehen, soweit, dass da ich von den Wilden gefangen worden, vermeint ich währe der Goub. zimlich hart Tractirt worden, biss durch einen Indianer der Englisch reden könte, und denn ich gekant sagen lassen, dass ich nicht Goub. Hide währe, worauff sie also bald gelinder mit mir Verfahren.

Da nun dieses auch vorbey machte ich mich wiedrumb nach Neü Bern zu meinen Leüthen, es hatte aber bald hernach H. Goub. Hide seine patenten Empfangen, so liesse er wiedrumb eine General Versamlung ausschreiben, damit er sich einpresentieren könte, wobey ich mich auch befunden, welches un so viel lieber gethan, weilen dabey Gelegenheit suchte bey dem Neüwen H. Goub. zu erwerben, was bey Colonel Kary nicht könte, bey welchen H. Goub. Hide wohl allen guten willen verspürte, aber da ich auff die realiteten drung, so wahren sehr wenig vorhanden, welches von selbsten übel manglete,: hielte hiernach einständig bey dem Parlament an, dass weilen auff Conto der Lordprop. nichts erhalten könte, welches doch das fondament meiner Entreprise ich nun vast mit meinem Volck dargesetzt, und wir so nicht bestehen könten, Es auch eine lange Zeit Erfordert, biss auss Europa berichtet wir indessen nicht vom Lufft leben könten, so die provinz uns auf gleiche Conditiones wie wir es mit den Lord prop. hatten, assistieren solten, namlich auff Credit, auf 2 oder 3 jahr mit denen Nothwendigen Victualien und besonders mit Fieh uns zu versehen, dessen aber sous pretext dieser Einheimische Krieg habe sie in die unvermöglichkeit das zu thun gesetzt, mich abgewiesen, Hierauff mieche mich gantz traurig nacher Hauss, meine sache so gut als möglich anstellend, wie hiervor zu sehen.

Folget jetztund der Indianische Krieg.

Was diesen Indianischen Krieg verursachet, sind erstlich die Verläumdung und anstifftung etlicher Meutinier H. Goub. Hide; 2. Allso auch wider mich indemme die Wilden beredt, ich seye kommen, ihr Land zu nemmen und hiemit werden die Indianer sich zurück gegen die Bergen machen müssen, diss hat ich ihnen aussgeret, und wahre es bewiesen, durch meine gegen sie erwiesene fründlichkeit, wie auch durch die bezahlung dess Landes, wo ich mich anfangs gesetzt, namlich darvon das Stättlein Neüw Bern angefangen; ohngeachtet der Verkäuffer es mir frey hätte übergeben sollen, Item hab ich auch Frieden mit selbigen Indianischen Einwohnern gemacht, so dass sie mit mir gantz zufrieden. 3. Wahre es die grosse Sorglossigkeit der Colloney. 4. Das harte Tractament etlicher unwirschen und rauchen Englischen Einwohner die sie betrogen in der Handlung, selbe nicht um ihre plantations lassen jagen, unter dem pretext ihnen ihr geschoss, Munition, Ihre Beltzen oder Hürth weggenommen, ja gar ein Indianer zu Tod geschlagen, welches sie am meisten und mit grund allarmiert. Ihren anschlag hielten die Indianer sehr geheim, und wahre es eben darum zu thun, dass sie sich berahtschlagen wolten, in Einer angestelten Verhandlung, zu der Zeit da ich gefangen wurde, und da ich unfehr die rievier hinauff fahrte vermeinte ich um viel Sicherer zu seyn indem erst 10. oder 14. Tag zuvor in dem wald, da ich vom Land Messer kame Verirret und eben grad da mich die Noht übernahm unter die Indianer gefallen, so zuvor bey meiner Ankunfft in Chatalognie jetzund Neüw Bern gesessen, und sich nun an diss ohrt gesetzt, welche mich sehr fründlich Empfangen, und am Morgen biss auff dem rechten weg begleitet, 2. Indianer mit gaben so mit mir biss nacher Hauss giengen welchen dann zur Dankbahrkeit, etwas geben, und für den König Roum oder Prantenwein geschickt. Eben dieser König da es um mein Leben zu thun war, hate nicht wenig zu meiner Rettung nebst des allerhöchsten beystand Contribuiert. Wie ich nun von den Indianern gefangen, zum Tod Verurtheilt und wunderlich Errettet worden, was bey den Indianern vorgangen, Entlichen wie nacher Hauss kommen und zu Neü Bern wiederumb angelangt ist auss meiner an H. Goub.

Hide versandten relation zu ersehen; zu End eben dieser relation habe angefangen, zu melden ward alsobald meiner zurückkunfft mir noch widriges und Vertriessliches widerfahren, so dass scheint meiners unglück kein End zu seyn, weilen aber das zukönfftige nicht vorsehen könte, so will ich umb so kurz als möglich, was weiters vorgangen bis zu meiner Europäischen Ab- und Heimreiss melden. Erstlich wie dieser Indianische Krieg fortgesetzt und ein End genommen. 2. was für Motifa dass die Coloney verlassen, und mich in Europa ja gar wiederumb nacher Bern begeben.—Was nach meiner Zurückkunfft mit unter den Christen widerfahren, wahre bey nach so aussgeführlicher und Vertriesslicher, als da ich unter den Heyden wäre; vor dem heidnischen Tribunal hate ich meine offendlichen Kläger, alles geschache in guter Ordnung, nicht Hinderrucks und im Verborgenen, noch auff eine rebellische, auffrührerische Manier, aber da ich nacher Hauss kame, vermeinet unter fründ und Christen zu seyn, und ein wenig zu ruhen, ward es erger.

Da wahren etliche rauwe Jalouse unwirsche Pfälzer(?), oder Einwohner, weil nicht allsobald in ihre Meinung tretten wolte, ein Indianer zu Töden, oder ihrer Discretion, dennen doch sicher gleit versprochen, weilen er kommen meine rantsion abzuholen, und mit den Indianern zu Streiten nicht Thunlich Erachtende, Er die 15. gefangene Pfelzer herausgeben und geliefert, dene noch Provision an Lebens Mittlen noch an Munition noch Volck genug, zudem dass der halbe Theil Pfaltzer in meiner absentz mein quartier verlassen, so klagten mich dieser Gattung Böse Christen erger als die Heyden; nahmen geheime Information wider mich, da wahre viel redens und Treüwens, als nicht minder als müsste Ich gehenckt werden. So solte ich von einem Heydnischen Tribunal nun vor einem Christlichen Richterstuhl, ja erger als der Heymischen (!) so es etlichen Gottlosen Gesellen willen nachgehen solte, Erscheinen; zu welchem nicht wenig Contribuiert, Ein Pfälzischer Huff Schmied, der sich rechen wolt, weilen ihm wegen Erschröcklichen Exerationen ungehorsames stählen, und greüwliche Treüwingen gestrafft, und das hat er auf seine sehr verrähtrische weisse gethan, gienge alsbald hinüber zu den Indianern, bey welchen er mich sehr Suspect mieche, als gulte meine Versprechung nichts, betruge sie, indemme anstatt Frieden und Neutralität mit ihnen zu halb gantz auf Ihrer der Engl. Seite währe, sie mit gewehr und krieg provision versehend; da ich aber seine verrähterey erfahren, und desshalb ihne abstraffen wollen, hatte er darvon wind bekommen und sich hinüber zu dem William Brice einem gemeinen Mann, so aber wegen seiner frechheit zum Haubmann Erwehlt worden, und mir vast zu wider ware, verfügt, allwo eine Garnison zusammen gelesener Gesellen und der abtrünnigen Pfeltzer sein Eigen Hauss zu bewahren, da hat obgemelter Huff-Schmied gleiches von mir wie zuvor bey denn Indianern gesagt, und noch viel mehr so dass ich für einen Verrähter passierte, ward alsbald eine Liste von etlich 20. Artikeln auffgeschrieben, deren nicht ein Puncten wahr, habe da dieses vernommen, schrieb ich dennoch gantz ohnerschrocken ich ein gut gewissen hätte, bey dem H. Goub. von Virginia und Carolina zu, Sie umständlich Informierend, alles dessen so sich zugetragen, welche meine Conduite abrobiert, und alle andre Persohnen von Verstand und Vernunfft. Hierbey hat sich zugetragen dass weilen dess Schmieden als Criminalen und aussgewichenen der da mir vast in Depitis ich seine sachen Inventarisieren und in Verwahrung thun lassen, dieser obermelte W. Brice denn schmied vast, und die Verwarten Sachen hierauss haben wolte trachtete solches mit gewalt vorzunehmmen, neben demm, dass er gerne mich als der Verrahterey schuldig, zu H. Goub. Hide g'fangen bringen wolte, so hielte er in geheim Raht, mit denn Vornemmsten seiner Rott, so wahre dieses Conclusum dass wann ich mich weigern wolte, dieses Schmieds sachen herauss zu geben, pretentierend, sie brauchten solche zur Devension des Lutz sie es mit gewalt thun wolten, und weilen ohne Zweifel mich speren werde, als dann sie sich, und mich so. Es wahre aber ohngefährt ein kleiner Pfalzer knab in dem Zimmer welcher Englisch verstund und dessen nicht in acht genohmen. Dieses solches hörend, wich so still er könte, auss dem Gemach zeigte es seiner Mutter an, als noch Eine von meinen Angehörigen, welche alsbald sich in das Schifflein miech, und zu mir hinüber fuhre; da sie mir diese Conspiration erzellen, so liess ich alsbald auff der Trummel schlagen, verschloss die Thor und stelte meine Leüth in guter postur, könte kaum fertig werden so kame price mit 30 oder 40 benachtbahrten Männern darunter grad der gottlose Schmied, und wohl 20 der abtrünnigen Pfeltzer, nicht wüssend, dass ich der sachen berichtet, vermeinten grad in den Hoff zu gehen, und mich übernehmmend, funden aber alles in solcher postur, dessen sie nicht erwarten, da sie die unsrigen befragten, was das sein solle, gab der Corporal zur antwort, man sey auff guter huet wegen den wilden Indianern und wilden Christen, ward repliciert ob man sie denn für find hielte, wiederumb Doublieiert das fründe nicht auf solche Manier ihre benachtbahrten zu visitieren pflegten, schinne als wann sie unsere find, insbesondre da solche Verräther und Abtrünnige, doch so Corporal Pricé sambt noch einem Herrn in wollen, glaubte diss würde nicht Versagt, da diss mir angezeigt, liess ich sie unter wacht hinein, so nun dieser Pricé meiner procedur sich beschwärt, gabe zur antwort, mir wäre ein schönes Dessin wohl bekant, werde aber an gebührendem ohrt sein unverschandtes und verwegenes procedieren wüssen anzubringen. Ob das der Manier gegen seinre Vorgesetzten, so zu Meutinieren ich als Statthalter des ober Hausses, Landgraff und Comandant dieses District wäre in rechten ihne gefangen senden, und wäre auch geschächen so ich dieser Falschen Dessier Gesellen mit kurzem Bescheid und starcker Betreüwung wider hinauss sich für das nächste parlament cediered. Was weiters für Insolention auff seitens dieses Capt. und abtrünnigen Pfältzern gegen mich und die meinigen verübt, zu weitläuffig und Vertriesslich habe von kürze wegen hier nicht mehr melden wollen, da noch etwas wenix im fürgang.

Ist zu wissen dass die hierunden unterzeichnete Convention mit den Indianern Eingangen, da ich noch in banden und mein Leben zu fristen, so dass eben sogar nicht wäre verobligiert worden, zu halten, dennach weillen mit der Meinung Quod Naridius non Habenda Vides, wahre resolviert, so viel zu halten als lauth gewissens und Pflicht, mit der ich der Cron Engelland zugethan, ich wohl thun könte und hätte man mich machen lassen, wäre es dem ganzen Land wohl kommen, und wäre viel Mord und unglück Vermieten blieben.

Es wahre aber dieser Capitain Pricé sambt seinem anhang

so Erhitzet, dass ohne die Vernunfft zu rath zu ziechen ihrer Blinden passion mich ohne einich Mensur zu nemmen noch auff die kleine Zahl Volck, noch die wenig provision an krieg und Lebens Mittlen noch auff die gefahr der armen gefangenen, Weib und Kinder, reflektirend, den proponierten Stillstand recusiert, und alsbald findlich agiert, also durch sein unverständiges Caprice, die ganze provintz in gefahr gesetzt, und meine Mensure alle unterbrochen.

Und hätte man mich machen lassen so hätte Erstlich durch diesen Stillstand Zeit gewunnen, dass die gantze provinz und ich uns in guter postur setzen können, und wir innert dieser Zeit mit Volck, krieg und Lebens Mittlen versehen. 2. wahre ich schon würcklich an der Arbeit, in während diesen Stillstand die armen gefangenen weib und kinder zu erretten, dann denn Indianern meine rention nicht aussrichten wolte, sie hatten mir dann die gefangenen übergeben, solches wahre mit grosser gefahr und Mühi in der Ersten Converentz veraccordiert, N. B. hat sich wohl erwiesen, wie viel daran gelegen, nachwerts in der Histori dess Indianischen kriegs gemelt, wie dieser gefangener Holtzmann die Indianer Menagieren müssen, so sonsten im Ersten mahl man ihm den garauss machen könne. Nun weilen ich am besten mit den Indianern an diesem guten werck und 3. auch, durch meinerer vorgegebener Neutralitet und Verzögerung Zeit gewinnen wolte, dass was sowohl die Englischen, als Carolinischen und meine Coloney, insbesonders noch in Ihren plantationen und Häussern, verlassen und vergraben, wiederumb abholen, wie auch in denn wäldren so viel von Ihrem Vieh, als möglich auffangen könten, so kamen diese price'sche Rotte, wilder und Unvernünfftiger als die Indianer und verderbten mir meine ganze Handlung, durch eine unbekante attaque die ganze übelzellung, diese hievor gemelte Verrähterey des Schmieden, und diese Action nahmen denn Indianern alles Vertrauen von mir, so dass auff das hin, gegen meine Colonisten sie auch findlich agiert, da biss dahar Ihrer Heüsser und sachen verschonet, namlich nach gemachter Convention, allein nach diesem unzeitigen procedieren der Caroliner, sind die Indianer gefahren, alles zu verderben, und müssten meiner armen Leüth Heüsser, ungeacht die Thür mit einem Zeichen gezeichnet verbrandt werden; das übrige an Haussgerählt obwohlen verborgen und vergraben, auffgesucht, weggenommen und das Vieh in den Weldern niedergeschossen, von danne haben die Indianer hin und her in der provintz, insbesonders in Neüw Trent und Pamtego [Pamlico] Rivier eine Plantation nach der andern belägeret, geblünderet, gemort und sehr viel übels gethan. Und welches die Indianer zu mehrerer equotet [?] veranlasset, ware des Priecen hartes procedieren, dass er etliche Indianer von der Bay Rivier bekommen, ist ihr Chef der König erschröcklich tractiert worden, ja bey einem grossen feür gleichsam gebraten, und mit allerley unchristlicher Marter geblagt, und so getödtet worden; welches die Indianer so verbitteret, dass sich nicht zu verwunderen, wann sie die Christen auch hart tractierten, was hierin am meisten verdrossen, war dass ein abtrünniger pfeltzer an diesem Marteren das meiste gethan, und ein wohlgefallen daran hatte, eben dieser ward der Autor der abtrünnigen pfeltzeren. Es wahren zwar von des Priecen anhang, verwegene und beherzte Leüth aber gar unbedacht, so die übrigen Caroliner bessere Conduite und nicht so zaghafft, wie mann denn Indianern ehr Meister worden, und wäre nicht so übel gegangen.

Weilen mir nun vast angelegen, Meine Conduite zu justificieren und der Briecisch Rott Gottloss und Verwegenes Verfahren vorzustellen, so wann die grosse general Versammlung gehalten, gienge hinein und fragte, wo diese falsche klägten wahren, und solte man mir solche Verlümder vor augen stellen, Copeyen der klägten communiciere, damit mich gebührend Verantworten und Justificieren könne, dörffte sich niemand gegen uns stellen und wolten die Klagpuncte niemand hier vorgeben, so ward dessen ein End. Indessen hat ich viel Vertruss, und ward in grosser gefahr und litte inzwischen nicht wenig mein Ehr und reputation, begehrte Satisfaktion, weilen die Kläger und Verlümder mir wohl bekant, miech sie auch namhafft, die autoren aber erschienen nicht, und könte ich bey solcher Confusen Regierung und Indianischen keine Satisfaction bekommen, der H. Goub. und Oberhauss welche von 7. Rähten und represententen der Lordprop. zweyen Landgraffen, Etlichen Obristen, und dem Secretario bestund; miechen zwar ihre Entschuldigung und ein Comp. hierüber, müsste darmit zufrieden seyn, über diese Matery habe viele Memoralia und Brieff H. Goub. versendt, worin diese Verdriessliche Historie und Procedur weitläuffig zu Ersehen, sonderlich im Register meiner Brieffen, von A. 1711 z. 1712 auch so alles so mir widerwertiges und Vertriessliches in Carolina und Virginien widerfahren Erzellen solte wurde es ein gross buch abgeben.

1. Gleich wie hier oben nur etwelche ursachen dess Indianischen Kriegs vermeldet, so hat zu dieser Indianischer Verwegenheit, und frechen Verfahren nicht wenig Contribuiert der Caroliner sorglossigkeit, Indemme sie Ihnen zu vast getrauwet, zu ihrer Sicherheit in der ganzen provintz nur nicht ein ohrt befestiget, dahin mann sich hatte retiriren können; auch im fahl Einicher Corruption oder findthätigkeit gar keine Anstalten noch viel minder die Benöhtigte krieg und Lebens Mittel oder Provision gemacht, so weit das mit diesen Unruhen ganze Schiffe voll korn und Fleisch für Zucker, Malassis, Brantenwein und ander minder nöhtige sachen weggeführt worden: Summa alles liederlich bestelt, anstatt sich in ein Corpus oder 2. wohlbestelten Mannschafft zusammenzuziechen, um den find von den Grenzen der Wohnungen abzutreiben, wolte ein jeder sein Eigen Hauss verwahren, und sich Deffendieren. Welches die Ursach dass endlich die Indianer oder Wilden sich einer plantation nach der anderen bemeistret, bald die ganz provintz unter sich gebracht.

Meine Gedanken wahren im fahl die Wilden der gemachten Convention nicht Entsprechen würden, zu keinem guten Verglich gebracht werden könte, selbe mit meinem gemachten frieden zu amusieren, Einen stillstant zu procurieren, indessen sich mit Volck, Hülff, und aller Nohtwendigen Munition und Provision versehen, zu setzten, hiemit mehrerer und kräfftigern widerstand zu thun, oder die wilden gar zu destruieren, allein es wahre mit denn wunderlichen Carolinern nichts zu schaffen, die wo etwann behärzter als die andren, nahmmen die Sach so in bedacht, und plump vor, und gerieten hinder die wilden, die gar viel stärcker an der Zahl, gute Schützen und wohl versehen in allem, dass dieses kleine Häufflein der Christen alsobald das kürzere ziechen müssen; ja ohne denn pfälzern und Schweizern Hülff zu grund gangen, wie im Ersten relation zu sehen. N. B. In selbiger relation aus einem Brieff an H. Goub. Hide geschrieben, date mit Meldung, wie die Mannschafft so in Bath: Pawe, einem kleinen Dorff an der Pamtego Rivier ohngefährt in 150. dem diesem gegebenen wort und zeichen nicht nachgangen, das Herz nicht gehabt über die Rivier zu setzen, ihren nachtbahren zu hilff zu kommen im Einer so tringender Noht, sondern nachdemme sie da desselben Districts einwohner ihr Korn und Fleisch auffgefressen, und trüber an der Neus Rivier im Stich lassend nacher Hauss widerumbgegangen.

Wie ich mich zu Neü Bern befestiget 22 wochen lang mich und die Coloney auss Eignen Mittlen Erhalten, Entlich auss mangel Subsistentz meinen Posten verlassen müssen, un nach dem Goub. zu gehen, ist theils zu sehen in Erster relation, kann ich doch nicht unterlassen zu Melden, wie es mir auff dieser Reiss in die Albermarle Conti gegangen.

Nachdemme ich nun erfahren und gesehen, wie alles so Elend hergehet, was schlecht ja gar keine assistenz, die unmöglichkeit in die länge so ausszuhalten, ja gar zur extremitet gekommen, wie dass durch diese Invasion der wilden, die ganze Coloney zu grund gangen, indemme wie obgemelt bey 70. Ermört und gefangen alle der Collonisten Häusser Verbrandt, ihr Haussrat und was sie zum besten weggenommen, das meiste Vieh Erschossen, das unsrige zur Narrungauffgebraucht. So wahre auff angeben H. Michel und andre H. auss Virginien und Marienland, resolviert andere Mensuren zu nemmen, und weilen die Coloney sich vertheilt, der halbe Theil Pfälzer sich von mir gewendt, mit den übrigen sambt denn Schweizern mich an obermelten ohrt zu begeben: Packte hiemit ein Theil meiner Sachen ein, liess eine kleine Schloop zurüsten, der Intention, wann ich werde bey H. Goub. Hide angelanget seyn, im parlament oder General Versamlung bessre Assistens ausszuwürcken, wiedrigen fahls mein Dessin nach Virginien und Marienland fortzusetzen.

So verreisste ich nun in grosser perplexitet, weilen meine Leüth in grösste Noht, ja dass nicht ein Mäss korn mehr vorhanden war: sondern müssten uns dess Schweinenfleisch behelfen, und das zwar sehr genauw. Diese Reiss aber ward auch unglücklich, bey schönem wetter und windt fuhr ich ab, nachdem meine Leüthe Versamlet und Ihnen bestmöglich zugesprochen: Sie baldiger Hülfe tröstend, dess abends da wir schier an der Amboucbinen Rivier und durch den Sond aussfahren wolten, begegnet ein bedenckliches Zeichen, zu oberst an der Spitze dess Mastbaums. kehrte sich eins mahls ein kleines feürlein und pfeiffete zimlich starck, ohngefehrt eine Viertel Stund, Entlich hörte es auf, da ich den Schiffpatron fragte was das sein solte, so sagte er mir nicht viel guts. Es werde bald ein grosser Sturm erfolgen, und das sey gewüss, ich aber lachte hierüber und wolte meinen weg fortfahren. Es vergienge aber kein stund, finge der wind härter zu blassen an und weilen es gegen Nacht getrauten wir nicht, sondern sahen umb wo etwann wir bey Land denn Ancker sencken könten.

Kaum möchten wir ans Land pordieren überfiel uns der wind so starck, dass ein wenig speter wir in grösster gefahr kämen, so blieben wir da bey einerm Planter einem guten Mann, der da auff einem Landgut gesetzt, übernacht, morgends da der Sturm vorbey, fuhren wir fort, so kamen wir denn andern Tag abends in die Mitte des Sonds, welches ist ein See viel grösser als der Genffer See, da in der Mitte man kein Land sehen konte, allein wir auf einen Sandbank stossten; da das Schiff einen so starcken krach gethan, dass wir meinten es währe Entzwey, und wäre es nicht überauss starck gewessen, so hätten wir da auch Schiffbruch leiden müssen, wir wahren da in grossen ängsten und nahmen alle Erdenckliche ittel vor ab diesem gefährlichen ohrt zu kommen, die meiste forcht wahre dass wann schon entlich das Schiff loos, es wurde einen spalt haben, dass wir ohnfehlbahr versencken müssten, Gott war aber so gnädig, dass nachdem das Meer gestigen, und der wind besser worden, wir mit gespanten Säglen glücklich abkommen, da wir sahen, dass kein Wasser ins Schiff kommen, danckten wir Gott, und setzten fort, dess dritten Tags bekamen wir einen so starcken widerwind, dass wir an einem ohrt gegen Land fahren müssten, wo eine grosse Weite mit Rohren, da Sänckten wir unsern ancker, und wahren gezwungen wohl etliche Tag da zu bleiben, biss der wind sich um etwass gesetzt, dass wir bey eines Seiten windts, durch einen Canal so durch die Rohr fliesst Seglen konten. So bald wahren wir nicht auss denn Rohren, wolte das unglück, dass wir auf einem Vesten Felsen Stecken blieben, dass wir einen halben Tag genug zu thun, biss wir loss wurden, und musste unss widrum das Meer helffen. Entlichen vermehrt sich der wind, und kommen wir glücklich darvon, und langten nach Etlichen Tagen, am bestimbten Ohrt an, und wahre es Zeit weil all unser provision die genauw ward, an Speiss und Tranck auffgebraucht; anstatt dass wir verhofften bey gutem windt in 2. mahl 24. Stund anzukommen haben wir über 10. Tag zugebracht. So sieht man, was das Wetter Zeichen auff der Spitze des Mastbaums bedeütet, scheint aber ein aberglauben zu seyn, die Erfahrung aber weisss es anders.

Da ich mich nun 6 ganzer wochen bey H. Goub. Hide auffhielt, theils dem raht und übrigen provintz geschäfften abzuwarten, theils auch meine Leüth zu Neüw Bern mit Nohtwendigen Lebens Mittlen und Kriegsprovision zu versehen, ist nach angewenter grosser Mühi und Viel Zeit, mein Schlop mit korn, Pulver, bley und Taback angefült und nacher Neüw Bern versendet worden, aber ach, was vor unglück, es haben die guten Leüth ihn Ihrer eüsserster Noht, wohl vergebens darauff gewartet; da dann die Schlope vast über den Sond und weit der Embouchure der rivier Neuss übernahmen sich die Schiffleuth mit Brantwin, so dass sie alle Entschlaffen, vermeinend sie währen nun auss der gefahr, allein weillen sie das feür in dem Küchli nicht gentzlich gelöschten, springt ein funcken von einem Scheit holtz und kam in die Taback Bletter, die nicht weit darvon wahren, welche mehr und mehr angangen, biss ein feür entstanden, und Entlich der Rauch die Schiff Leüth erweckt, welche aus forcht, das Pulver Fässlin wurde angehen, drachtete sich zu Salvieren, und miechen sich in den Canou, das ist ein klein rundes Schifflin, darvon; ehe Sie aber vollentz ans Land gelangt, kombt das feür ins Pulver, und es gieng die Schlop in feür auff.

Lasse gedencken was vor traurige Bottschafft denn armen halbausgehüngerten Colonisten solches zu vernemmen, anstatt deren so lang mit grösstem verlangen erwarteten assistenz, und wie das zu Herzen gangen. Indessen ich diese traurige Zeitung vernahm, welches lang angestanden, hatte nach Eüsserst Vermögen gearbeitet, dass mann die grössere Schlopp oder Brigantin proviantiere, welches aber so lang Vort gieng, dass ich ganz vertrüsslich wurde, wohl sehend dass solche tergiversationen, in solcher Conjunctur nicht bestehen könt, desswegen meiner Sachen dahin disponiert, dass alsobald nach demme meine Leüth diese provision empfangen haben Sie grad in selbiger Schiff mit H. Michel nacher Virginien Säglen solten, diss verzoge sich sehr lang, nachdemme nun wie schon gemelt, mich eine lange Zeit bey H. Goub. Hide auffgehalten, denn krieg und provintzen sachen abzuwarten, wo viel zu thun ware; verfügt ich mich nach Virginien, umb alles bestmöglich zu bestellen. Eh ich aber zu dieser Reiss schreiten nicht übergehen zu melden; was unterdessen zur sicherheit dess Landes gethan worden;—

Nachdemme nun H. Goub. Hide und der General Versamlung krefftig vorgestelt wie mann bessere anstalten alss bisshero geschächen thun sollte, sonsten wie in grosser gefahr alle von denn wilden Indianern umgebracht zu werden, so gerieten wir an die arbeit und hatte ich denn Tag meines Lebens nicht vermeint, so ungeschickt und Verzagte Leüth, da anzutreffen.—

Erstlich wahre zu thun vor allem auss, wo proviant zu nemmen, dann ohne dem ohnmöglich zu kriegen, und wahren doch diese unbedachte Caroliner so liechtsinnig dass sie dennoch getreyd und fleisch auss dem Land verkauffen, desswegen H. Goub. Hide alsbald ersuchte, ein scharffes Mandat ausszuschreiben alle aussfuhr einicher sachen zu verbieten.

2. Zu erforschen was für Gedreit im Land, demnach die ervorderlichen Mensuren zu nemmen, ward gefunden dass dessen bey weitem nicht genug, einen so langwierigen Krieg zu führen, hiermit anstatt aus benachtbarten Provinzen solches zu procurieren, welches Müh genug hatte.

Drittens, Pulver, Bley und g'wehr dessen die Provinzen ganz nicht versehen und die particularen gar wenig hiemit befunden, auch unterdessen von andren ohrten zu beschicken: wolte aber Niemand das gelt darzu geben, noch funde die provintz, welche damahl in schlechtem Credit, Matery, da müsste ich aber bey H. Goub. in Virginien trachten etwas ausszuwürcken.

4. Soupponieren alle obige sachen wären paraht, worumb das Volck, da war Arbeit, könnten mit gröster Müh kaum 300. Bewährte Männer aussmachen, und wahren viel darunter unwillig zu kriegen, meistens schlecht gekleit und Versehen, hierüber war mir Commission gegeben, um Hülff in Virginien anzuhalten, da Entlich H. Goub. Spotswood, als im Nahmen der Königin Ihnen solche zusagte, für restitution dess proviants und Sold, so wolten die Caroliner nicht pretextierend, Sie vermöchten solche Summe nicht zu restituieren, wann H. Goub. nicht Volck und die Nötige provision in der Königin kosten senden wolte, welches absourd, warumb solte die Königin die kösten vor die Provintz haben, da doch das Einkommen die Lord propt. beziehen. Diss gabe anlass dass etliche zu H. Goub. von Virginien giengen umb zu sondieren, ob Er die protectione Caroline auff sich nehmmen wolte, welches aber H. Goub. auss guten Ursachen abgeschlagen.

5. Proponiert dass man etwann ein ohrt in der Provintz bevestigen solte, im fahl der Noht zu einer retraite zu gebrauchen, und sich da auch in Sicherheit zu halten, war aber nicht erheblich.

Bey so bewannten Dingen, was zu thun: Indessen fuhren die Indianer fort, wurden von so schlechter gegewehr übermühtig und bezwungen Eine Plantation nach der andern.

Die letzte ressource ware eilends nach Süd Carolinam um Hülff zu senden, welche auch erhielten, sonst wäre die ganze provinz zu grund gangen. So sandte das Gouvert. Süd Carolina 800 wilde Tributariis sambt 50. Englischen Süd Carolinern, unter dem Commando Obrist Paravel, wohl montiert und Versehen mit Pulver und bley, das Theatrum belli wahre unweit Neü Bern. Da diese angelangt fieng der Indianische krieg erst recht an, und gerieten diese Süd Caroliner da sie noch zu den Tascaroros wilden kamen, dergestalten an Sie, dass grossen Schrecken unter ihnen erweckt, so dass die Nord Caroliner Indianer gezwungen worden, sich zu verschanzen, unsere fründ Indianer aber nach demme Sie ihre ordres zu Neü Bern Empfangen, miechen sich gegen Cortorve ein gross Indianisch Torff, ungefehrt 30 Meilen von Neüw Bern, jagten Selber König sambt seinen Indianern auss, nachdeme Sie etliche Nidergemachte Ereiffreten sie sich darüber, das sie auch von einem Erschossnen wilden Carolinischen Indianer das Fleisch gekocht und gefressen; zu diesem Süd Carolinischen Soucours ordonnirten wir 200 Nord Caroliner Engl. sambt etwelch wenig unsrer Indianer so fründ wahren und bey 50 pfälzer und Schweizer unter Commando von Obrist Boid und H. Michel, welchen wir auch zum Obrist gemacht.

Dieses kleine Her mieche sich weiters hinauff, gen Catechna einem grossen Indianischen Dorff, wo ich und der General Feldmesser Lawson gefangen und zum Tode Verurtheilt wahren, wie in erster relation vermeldet. In diesem Dorff Catechna hatten sich unsere find bestehet in Wetax, Bay, Revier Neuws, Cor Bamtego und theils Touscaroros Indianer Versamlet und vast Eingeschanzet und könte man nichts aussrichten gegen Ihnen, ist zu wüssen dass bey einem angestelten Sturm die Ordres nicht recht exequiert, der angriff solte an Etlichen orten angehen. Es wahren aber dess priecens Leüth so Hitzig dass sie vor der Zeit stürmten, wurden Ihr viel plessiert, etliche Tod geblieben, müssten also die unsrigen abweichen, da uns der Bericht im Raht Ertheilt, wurden wir vast beschäfftiget, wie die Find besser zu g'stellen, und bessere anstalten zu thun. Ungefehrt umsahe ich mich und erblickte 6 oder 8 Stück in dem Hoff, Liederlich daligen, ganz rostig und voller Sand, wahre meine Meinung man solte 2 der kleinsten aussrüsten, übersenden und das fort mit beschiessen, mir representierend, dass solche unmöglich über die Mösser, Wälder und graben zu bringen, mich aber Erinnerd was mir H. Haubtmann Gallard von St. Croix erzehlt, wie er es angeben, vor einer Vestung in Flandren, welches auch sein fortun gemacht, wurde jedes stückli als auff einem Prancour zwischen zwey pferten ordentlich geferget, dass übrige weiters angestelt, wie sich am besten geschickt, und ist wohl gelungen dann da man die aprochen gemacht, und nur 2. Schütz in der wilden fortgelassen, neben etlich wenig granaten so man getrachtet einzubringen, Erweckte diss eine solche Forcht unter denn Wilden, die solches nie gehört, und nicht gesehen, dass sie um einen Stillstand anhaltend, da wurde von unsern Obristen Officieren Kriegs Raht gehalten, was zu thun geschlossen, denn Stillstand zu accordieren und trachten Vortheilhafftigen Frieden zu machen, was dessen die meiste Ursach wahren die gefangenen Christen, so sie noch von der ersten Massacre behalten, wleche uns rufften, dass so das fort im Sturm übergieng sie alle erbärmlich um das Leben kämen, ist also hierauff Capitu-liert worden, mit Condition, dass vor allem auss die gefangenen solten loss gelassen werden, welches auch geschäche.

Da nun diese Vorbey und die unsrigen nacher Neü Bern gerückt, umb sich ein wenig zu erlaben, dann die Lebens Mittel Genauw und sparsam, dem Obrist Parnvel nicht nach Vergnügen Entsprochen, so wurde er ungeduldig, dass mann ihme nicht mehr Ehr und guts Erwiessen, auch sein Volck gar schlecht proviantiert, desswegen Er auff exponiert bedacht; wie sich wiedrumb mit provit nach Sud Carolinam zu begeben, und unter dem Vorwandt eines guten Friedens lockete er eine gute anzahl der fründlicher Indianer oder wilden Caroliner, nahme bey Cor Stowe sie gefangen, darzu seine Indianer Tributari ganz geneigt, weilen von jeden gefangenen ein Namhafftes sie zu verhoffen, miechen sich also mit ihrem Lebendigen Raub nacher Hauss, was er hiemit zuvor Loblich aussgerichtet, ist durch diese action Verschwertzt worden.

Diese so unchristliche action hatte die übrigen Tascaruros und Carolinischen Indianer obwohlen sie Heyden vast erbitteret, wie billich, so dass sie den Christen nicht mehr getrauwet, desswegen sie noch Vester Verschanzet und viel ravage in Neus und Bamtego Graffschafft oder Districkt gethan; ja das letztere Erger als das erstere wurd, welches uns bewogen starcke klägten wider den obrist Barnvel zu thun und schrieben wiedrumb nach Sud Carolina für Neüwe Hülff, welche aber nicht so starck als die Erstere Erfolget, doch langt bald nach eine zimliche anzahl unter dem Commando Capitain Moore welcher sich besser Verhielt. Nachdem mann zusammengezogen, was man affbringen könte, ist man an dieses Indianer Fort bey Catechna oder Hencock Town geralten, und ist solches Endlich glücklich gestürmet, in Brandt gesteckt und Erobert worden. Die wilden hatten sich darinn unsäglich dapfer gehalten, so weit da mann dess forts meister, und Weib und Kind so unter der Erden, darin sambt Ihrer Provision verborgen herauss nemmen wolten, die Plessierten wilden, am boden wimslend noch um sich Schlugen, da wahren bey 200 so in einer redoute Verbrant viel sonsten Nidergemacht, so dass in allem bey 900 Sambt Weib und Kindern Tod und gefangen, von den unsrigen wahren auch viel plessierte, und etliche auf dem Platz geblieben.

Auf dieses hin hatten wir ruh, doch streifften noch etliche überbliebene hin und her, wahre nun zu thun wie für das Könfftige, von den überbliebenen benachtbahrten, uns in föllige Sicherheit zu setzen, cediert underschiedliche Könige. N. B. die Könige sind Eigendlich nur die Cheff einer gewissen quantitet wilden Indianer, doch ist es erblich, und stelt auf die Posteritet, mit denen wir Conferierten, und es Entlich zu einem Erwünschten Frieden brachten. Ist nun nicht das geringste mehr zu beförchten, weilen die Wilden, so hinder Virginien und selbiger provintz Tributari sind dess Friedens garandt, die überbliebenen Carolinischen Indianer sind nun auch der Lord prop. Tributari worden.

Indessen obwohlen im Frieden, so wahren unsre armen Collonisten nich gar wohl, sondern hin und her bey Englischen und Carolinischen Planters verstossen, andre miechen sich wiederumb nach Neu Bern, alwo sie etwas Landes zu ihrer Nohtdurfft bauweten, und Erlaubte ich ihnen für zwey jahr Condition zu suchen, in Dienst zu Eint und andren vermöglichsten Caroll. Einwohnern zu gehen, um da Ihr Subsistentz zu haben, und etwas für zu sparren, damit sie hernach wiederumb auf ihre Lächen, oder Plantationen gehen könnten. Für diese zwey Jahr aber: Solten sie von dem auff Erlegten Boden zinns frey seyn, H. Michel und den Bernern liess ich wüssen, dass ich nun nacher Virginien um die Nöhtigen anstalten zu thun, der Hoffnung sie dorten besser als in Carolina zu setzen, mich auch H. Michel gegebener wort Tröstend, als gesinnt bey unsrem vormahl gemachten Schluss zu verbleiben: zu mahlen wir unmöglich auss Eignen kräfften und Mittlen einer So Delabierten Colony ausszuhelffen, und von Bern auss nicht nur schlechter Prospect, sondern gar keine Hoffnung einiger Assistenz gemacht worden.

Nahme hiemit mein abscheid von H. Goub. und Raht, und mieche mich zu H. Goub. in Virginien, bey welchem ich erhielt, dass er wegen gefährlichen Krieg Zeiten insbesonder mir der Capitain nur ein Krieg Schiff, meine Leüth zubegleiten vergönt, welches ein grosse und sonderbahre Gunst für einen particularen, hierauff wahre H. Michel, welcher dann bey einer Converentz so auf den frontieren zwischen beyden H. Goub. H. Hide und Spotswood gehalten worden, sich auch einfunde, und da ward Zeit und Tag gesetzt, wann und wo Sie, in der Insul Caratuix in Carolina sich recontrieren solten: Ich indessen gienge weiter in Virginien gegen Potomac und Marienland zu, um alles paraht zu halten mit quartier, Lebens Mittlen und Vieh.

Das ohrt wahre onweit dem fahl von Potomac bey einem civilischen, generosen und wohlhabenen H. Ropier genant auf main Landsiten, allwo ein gewüsser H. Bart neben andren H. von Pensilvania mir Entgegen kamen, um auch zu sehen, wie es mit dem von H. Michel angegebenen Silbermine worin sie auch Interessiert, und desswegen viel kösten gehabt, Ein bewantnuss. Nachdemme wir nun in erwartung H. Michels und der Berneren so mitkommen, halten, wegen so langer Verzögerung und keinen Berichts, ungetultig wurden, auch inbetrachtung H. Michels seltsamer Demarchen der Minen halber, gefassten gedancken, selbsten das ohrt Lauth gegebenen Plans zu besuchen, und die Wahrheit grundlich zu erfahren, rüsteten wir uns zu dieser zwar gefährlichen Reiss, doch weilen diss im Sinne hatte zu thun, wann schon die übrigen H. nicht wären angelangt; hatte ich per precaution von H. Goub. in aldenne mein Dessin committiert, patenten erhalten, und war auch ordre gegeben, dass auff erste avise ich von den nächstbestelten grenzen wächtern, so viel nöhtig Erachtet auffnemen könte. Da wir nach Canawest, ein überauss schönes ohrt, ungefehrt 4 Meilen obenführ dem fahl kamen, funden wir da Einen hauffen Indianer und insbesondere Einen Franzosen, Martin Chartier, welcher mit einer Indianerin Verheürathet und darbey denn wilden Indianern der Nation so hinter Pensilvania und Marienland in grossem Credit, auch auf angeben H. Michels Pennsilvania verlassend, und sich da gesetzt, welcher hiervor auch mit H. Michel die Minen auffzusuchen gegangen, viel Müh und Kösten gehabt, dieser warnet uns, dass die Indianer selbiger gegne wo die Silberminen zu seyn vermeinet, vast allamiert von dem Krieg, so wir mit Tuscarussen Nation hatten, hiemit sollten wir uns nicht ohne sonderbahre Noht, in solche gefahr zu sezen, welchen wir geglaubt die Sach auff eine bequeme Zeit auffschiebend, indessen miechen wir einen Bund mit den Calavest Indianer, als sehr nohtwendig, sowohl in Ansehen der Verhoffenden Silber Mines, als auch unser kleinen Berner Colloney, so wir der Enden sezen wollen; besachen die treffliche Situation Selbiger gegne Landes, wies auch insbesonders die Charmante Insul der Potomac Revier ob dem Fahl, auff diese Stund bedauernd, dass diess Schöne Land nicht bewohnen kan.

Von dannen giengen weiters zurück auf einen Berg der höchsten Enden, Sugarlove genant, als da hatte die form eines Zucker Stocks nahmen mit uns der Martin Chartier, Einen Feldmesser hätten wir auch bey uns, und kamen noch Etliche Indianer mit uns, von dem Berg besahen wir eine überauss grosse Weite Landes, ein Theil Virginien, Maryland, Pensilvanien und Carolina, bedienten uns des Compasses und miechen ein plan und observierten insbesonders den Berg, wo die Silber Minen sein solte funden dass er hinder Virginien, Vernahmen auch anbey von zwey Indianern, dass sie alles auff und um denn Berg auffgesucht, nicht aber das minste Zeichen von Mineralien gefunden und der Plan so uns gegeben worden dem bericht nach ganz nicht respondiere, welches uns bestürzt. Was weiters desswegen beschächen ohnnöhtig hier zu erzellen, entdeckten da noch viel Schönen Landes, und drey Ketten Bergen, eine allzeit höcher als die andern, da wir vom Berg hinunter, blieben wir bey Martin Chartier übernacht, und kehrten denn andern Tag wieder Herrn Rossier quartier, unter dem fahl, wo ich eine geraume Zeit verblieben, der Hoffnung da meine Leüth zu Empfahen, als denn abgeret, die übrigen verreissten widrum aber nicht gar vergnügt wegen dem Confusen nacher Pensilvania. Kein Schöneren Sitz glaube in der Welt zu seyn als dieser, welchen wir in zwey kleine Coloneyen abtheillen wolten, die Erste grad unter dem fahl, wo Eine überauss Lustige Insul von guttem grund und gegenüber an einem Eggen zwischen der Potemac Rivier und einer kleinern Gold Crec genant. Alles was aber, für den fahl hinunter oder hinauff willens zu Empfahen; und können die grösten Kauffmann Schiff dahin fahren, der andere Sitz solte seyn bey Canawest wie das Plan aussweisst, nach demme nun bey 2 Monath lang, nicht denn minsten Bericht auss Carolina Empfangen, kame Entlich der Hinckende Bott, mit bössen Zeitungen, da mich H. Michel nur mit worten berichtet, dass überbringer diss Zedelin, verlangte das Commando unsrer Sloop zu haben solte mit ihme accordieren die Sloop nachdemme Sie das lang Verlangte getreid entlich nacher Neus gebracht, Sie in der Zurückkunfft auf einem Sandbanck angefahren, seye in schlechter Condition sie bey heissem Wetter etwas würmstichig worden; Mangle Segel, Seil und andrest aussgerüstet zu werden, könne da nicht abkommen, solte mich Eilends nacher Carolinam begeben, und meldet nichts weiters, kein Melung von Krieg schiff, so von Virginia uns Entgegen geschickt, und was weiters in der langen Zeit vergangen, dass ich desshalb vor ungedult verschmachtet und Vergangen.

Solche widerwertige Zeitung und seltsammer bericht, bestürzte mich dergestalten, dass nicht wunder wann ich von sinnen kommen wäre, nachdemme alle anstalten von provision gemacht. Nun alles vergebens, sandte den Capitain, nicht gar vergnügt zu seyn, dennoch mit ordre die Schiff so gut also möglich ausszurüsten, und das Eillends, weilen es doch nur einen kleinen Traject auff denn Meerküsten hätte, Schriebe auch an H. Obrist Pollack als der da am besten versehen, weilen das Schiff in der Provinzen Dienst, dass man für die Noht, das Nohtwendigste Verschaffen solte, mit verdeüten, ich wolte durch Virginien schon das übrige machen, wurde aber alles auff denn langen banck gezogen, wolt ich mein Sach befördret haben. Musste ich selbsten hingehen, da ich nun zu H. Goub. kame, funde ich ein ganz ander gesicht als vormahls, ganz kalt, Indifrent und könte dessen Ursach nicht Errahten, Entlich halffer mir auss meiner Bestürzung, mir dennoch Ernstlich Vorhaltend, für wenn wir ihne ansehen, hätte verhoffet, wir würden seine fründlichkeit und Dienste besser Erkennen, ja solche nahmhaffte Dienst, die nicht einem jeden particularen bald Erwiesen worden, anstatt unsre Schuldige Dankbahrkeit wären wir sehr Cavalierisch gegen Ihme Verfahren, wer im höchsten grad bestürtzt, der war ich, ercusierte mich, ich wusste noch nicht was das alles bedeüten Solte, Batte doch um Erleüterung, so brache H. Goub. auss: Ja, ja, Eüwer M. hat mich vast dargesetzt,

Erzellet mir, wie dass abgeretter Maassen Er H. Goub. ein Krieg Schiff aussgesant, unseres Sloop mit Volck abzuholen, und zu Convoiren, selbiges aber vor der Coratuck Insul bey 6 Tagen gewartet, Entlich der Captain ungedultig da er niemand sahe, sandte seine kleine Barquen ans Land, ob von unserer Sloop mit Schweizeren nichts zu erfahren, wolte niemand das geringste darvon wissen, da Er weiters zu einem Dörffleine Little [River] genant, fuhr, vernahmer Endlich, dass M. M. zu Neü Bern und die Sloop ineiner schlechten Condition auf einem Sandbank und nicht abkommen könte, nachdemme der Lieut. solche Zeitung vernommen, miech Er sich eilends zu seinem Haubtmann, welcher halb auss der Haut Sprung, dass er so amusiert und vergebens eine so gefährliche Reiss gethan, dann wann ein Sturm sich hätte mercken lassen, Er in das weite Meer hinaus müssen, und so er gegen dem Land geblassen hätte, wäre er in grosser gefahr gewesen, weilen der Enden das wasser nicht tieff ist, also unmuthig nacher Virginien gekehrt. Da nun dieses alles angehört, ward mir halb ohnmächtig von Vertruss und Scham dass ein solcher H. von demme so viel fründlichkeit, Diensten, ja das Leben selbsten nechst Gott hätte, so dargesetzt, fienge an mich bestends zu entschuldigen, respondierend, wie dass ich selbsten vast dargesetzt, als alles schon auff Potemac bestelt, sey im grösten Kummer, wie mich auss einem solchen Labirint zu schwingen. Nachdemme nun H. Goub. mich zu Erlaben einen Trunck anpresentiert, fieng er mich zu bedauren an, dass ich mit einem solchen wunderlichen Kopf zu thun hätte, Riehte er mir nun, seiner zu müssgen.

Nachdemme nun fründlich Tractiert, da übernachtet, so mieche mich dess andren Tags Eilends in Carolina, um die vorgemelten nöhtige anstalten zu thun, hatte auch an einem ohrt Sägel und Cartag. Bestelt um im fahl der Noht die Sloop zu montieren. Da ich nun bey H. Goub. Hide in Carolina ankam vernahme Ich erst recht grundlich allen Handel, und weiss nicht was noch mehr unbeliebiges darzu, Schrieb alsbald H. M. zu, um mich der Bewantnus allerdingen zu verichten, wurde aber schlecht satisfaciert, verlangte darauff er solte zu mir kommen, damit wir über Eint und anders die nöthigen Mensuren nehmmen könnten, war aber nicht zu erhalten, und möchte ich auss guten Ursachen nicht zu ihme gehen, so tate anderwerts anstalten, hielte bey H. Goub. um Raht an, dassweilen die Sloop in der Provintz Diensten, so zugerichtet, seye nicht billicher als dass man mir sie im guten Stand widrum übergebe: Welches auch gut befunden, so hat mann Einen der Sachen Verständiger Mann gesendt die Sloop zù visitieren und remitieren, wurde aber mit Lebens Mittlen und anderer Hülff, so schlecht versehen, dass wiedrum zurück kame, und zwar kranck weilen es im Heyssen Summer wahre, Ertheilte auch den bericht das die Schlop nicht lang halten könte, weilen Sie durch denn Sommer auss an der Hitz gelegen, von den Einwohnern beschädiget, und musste sie ganz neüw Montiert werden, welches sie nicht wehrt. Hiemit übergabe ich der provintz die Schlop, und wolte sie geschetzt haben in dem Währt und preiss, da sie in Dienst kommen, ist mir aber bey weitem nicht zugesprochen worden, was ich verlangt, so dass ich den halbigen Theil daran Verlieren müssen, ist aber noch nichts entrichtet, so wenig als von der kleinern. Indessen wo hinauss mit meinen Leüthen, schriebe widerum H. M. beweglich zu, und verlangte eine Converents bey so schlipfrigen Conjuncturen insbesonders, da die Creditoren verlangten bezahlt zu seyn, Erfolgete kein Antwort, wohl aber vernahme dass der M. alles unter dem Vorwand Meine Sachen zu Salvieren Einpackte, und nach Süd Carolina zu fahren gesinnt, auch etliche Pfeltzer berett mit ihme dahin zu gehen, dieser nimmer Erwartete anschlag gefiel mir nicht, und ward ich gewarnt, meine Sachen in bessere Verwahrung zu thun, aber zu spaad, auff das hin weilen der Obrist Pollack, demme ich Eine zimliche Summa zu thun schuldig, für vorgestreckte Provision der Coloney. Etwas verdacht fassete, wie billich, so Ersuchte ich Ihne, alles authorisiert durch geschworne Männer zu Inventarisieren, sowohl der Pfälzer restirende Mittel als meine, und so wahren sie in Verwahrung gethan, allein meine besten Sachen wahren fort.

Da ich nun reflectierte auff H. M. Conduite wie er alles so seltsam angestelt, wie er alle Interessierten amusiert und nichts verfolget, so traute nichts gutes, Schriebe ihme noch zur Letze einen Brief, eine per relation, Verdeütend, was ich von Eint und andren Vernohmmen, als aber verwiss, und so mann Ihne in einichen Verdacht, Er wahrhafftig selbsten die Ursach daran gegeben, durch seine Conduite, Tergiversationen und Wanckelmühtige Verenderungen wie dann solches besser ab aphorto mundlich zu erzehlen, wie die Sachen nun seyen, in solcher extremitet müssten starcke resolutions genommen werden, und seye apsolute Nohtwendig dass wir uns Mündlich, gegen andren expectorieren und die Letzte Mensur nehmmen. Es seye periculum [in] Mora, anstatt einer zusammenkunfft Erhielt nichts als das unverschandeste Schreiben, so könte Erdenckt werden, glaube wohl sey froh gewesen einen pretext zu finden, Seinen Tücken einer Farb zu geben, und sich loss zu machen. Von demme was er seinem angeben nach nicht ausführen könte; hätte hier weitläuffige Materi über sein unversprechliches verfahren zu klagen; Seinen ansehnlichen Verwandten aber mehre als ihme zu verschonen will ich mit Seüfzen und Stillschweigen übergehen. Es wahren in diesem Brieff so viellerley Sachen, die klar zeigten, dass ich und andre mehr Dubiert insbesonders eine das ermelter M. von einer neül. Entreprisen gemeldet, als welcher er fast zu gelten miech, nemlich eine Colloney der Rivier Messesip nachzusetzen, an welcher 3. Cronen Spanien, Frankreich und Engelland Pret. [pretendent] der Meinung es werde der Stand von Bern als Neutral diss land grad von diesen 3. Cronen erhalten: wann mann aber liecht betrachtet 1. Die Jalousey solcher mächtiger Potentien, da keiner der andrem Cedieren würde. 2. Die Unfähigkeit dess standes von Bern, als da kein Seemacht, Entfehrnd Land zu Colonieren, so sichet man liecht, dass wahrhafftig H. M. Sein Calcul nicht wohl betrachtend, und dass solche Sprüng vom Pensilvania in Marien Land von da in Virginien, weiters in Nord Carolina zu denen in Sud Carolina und Entlich auff Messesipy nicht passieren mögen. Der Schluss ist nun der Virginischen oder Marilandischen Silber Mines halben, bald gemacht, dann ist da Etwas realisches worumb darvon abstrahiren und nach dem Golffe von Mexico zu gehn; die Haar stehen stehen mir zu berg, wann betrachte wie viel famillien dargesetzt, insbesonders . . . so viel famillien der Bergleüthe, die auff einen formalischen Tractat sich fondierend ihr Vaterland verlassen, mit grossen kösten in Americam verreisset und um dorten noch H. M. angetroffen, noch jemand der

Ihnen angegebenen Minen zeigte, ich muss nun von der vertriesslichen Matery auffhören zu reden, sonst wurde mich so darin Vertieffen, dass für die übrigen Sachen nicht Raum genug dann Eigendlich diss nicht mein Vorhaben.

Komme wieder auf meine Carolinische relation, nachdemme nun gemelter refectirt wie wenig assistenz von Bern auss zu gewarten, Ein Wächselbrief über denn andren protestiert wahre mir obgelegen, was für experient in solcher dringender Noht zu ergreiffen, dennoch hatte keine Gedancken in Europam zu gehen, weilen bey H. Goub. Hide noch zwey Negers Sclaven, die mir zugehörten wahren, trachteten solche mit mir zu nemmen, in gedancken mich derer zu bedienen bey Canawest bey welchen Indianern, mich retirieren wolte, und nach und nach von den Collonisten, auss Carolina nach hier vorgemelten anschlag dahin zu ziehen, welche auch ein grosses Verlangen, darzu Erzeigten: allein H. Goub. Hide hielte mich so lang auf, weil der Frieden mit den Indianern noch nicht gentzlich rattificiert, welchen Schluss er auch absolute haben wolt, dass Einer meiner Creditoren Eine Invention erfunden, Subtiler weiss auf diese Negers zu wahren, dass sie nicht fortkommen könten.

Indessen wurden wir von der grossen Hitz und ohne Zweiffel weilen wir so viel Pfersich und apfel gegessen Alle in Goub. Hide Hauss kranck. So dass auch Endlich H. Goub. in wenig Tagen gestorben, welches mir viel geschatt, da er mein sehr guter fründ. Dieser Tod brachte seine el. Liebste Made. Hide schier in Desperation und hielte sie mit heissen Tränen bey mir an, ich solte sie in einer so traurigen Conjunktur nicht verlassen, sondern bey ihr bleiben, bis die Sachen Theils wegen des Gouv: in Richtigkeit, theils mit ihren wegen ihres Verstorbenen H. Pretentionen und restanzen alles geschlichtet: mir weiters representierend dass dem rang und gesezen nach, als Landgraff das Presidium mir gebührte, und dass Sie lestlich zu Londen bey der Lord propriet. verspührt dass so vacants, sie mir das Gouvernt. anvertrauen wurden, bedanckte mich dessen höfflich, gab Ihr aber andere gründ vor, welche mich solches anzunehmmen, abhielten, das bedeütete dass noch ein paar Wochen da verbleiben wolte, und mein bestes beytragen, Ihre Sachen richtigen machen, da doch meine ebenso pressierten.

Nach der Begrabnuss kam Obrist Pallock, der Elteste des Rahts, sambt übrigen Richtern, zu mir, und Ersuchten mich das Presidium anzunehmen, welches aber ausschlug, aus viel wichtigen Gründen, vorgebend H. Obrist Pollack, als der Elteste in Jahren und auch im Raht, solte solches annehmmen, Seye ihme die Sachen der Provinz auch besser bekant als mir, der da ganz frembd in diesem Land, welches nach vielen Complimenten er Endtlich angenommen.

Indessen wurde von diesem alles die Lord proprietet berichtet, gaben von weit zu verstehen, dass so mir das Gouvernl. angetragen, ich es nicht aussschlagen wurde; wolte aber darfür nicht anhalten, dieses wahr ohne einicher bedencken, wie schon berichtet gut befunden, weilen aber bekant dass ich in Carolina vast in Schulden und schon etliche wexel protestiert, so wurde inngehalten, bericht von Bern auss erwartend; da dann ich geschrieben ob Hoffnung Einicher Bezahlung, denne ist auch bräuchlich, dass die Pretententen persöhnlich sich in solchen Conjuncturen stellen, also wurde verzogen 6. ganze Monath, biss ein Goub. bestelt wurde: Da doch zu Londen sich etliche hervorgethan, und grad dieser jetzige Goub. Eden wurde Entlich schier ungetultig, so da noch bericht von Bern noch meiner persohn zu Londen angelanget, sind Endlich die Lord propriet. zu Wahl geschritten, und haben obigen H. Edel Erwehlt, welchen ich noch zu Londen angetroffen und besprochen, ja ihme meine Interesse so als der Coloney bestends anreccommandirt, zu welchem er seine officia sinceriter versprochen, ist ihme auch von den Lord Propriet. selbsten anbefohlen worden, Intransiter vermelde, dass da ich zu Londen bestlich angelangt und mich bey H. Colecter Chevalier Baronet auch Lordpropriet, als meinen Special guten Fründ auffgehalten, 8. Tag bey ihme auff seinem Landgut 6 Meil von Londen Verblieben, er mir beim ersten anblick, sein transport bezeüget, dass, wäre ich nur ein Monath Eher angelangt, ich nun Goub. In Carolina sein würde, welches mich aber minder als Ihne verdrossen, weilen mir leider wohlbewusst, dass zu Bern Kein Disposition meine Schulden zu bezahlen, noch weder von denn meinigen noch von der Propriet. die davon so vielen wiederwertigkeiten Deguragiert.

Nun bin schier nach Londen anstatt nach Virginien kommen, fahre fort wo ich geblieben, wenige Tag zuvor der Fr. Goub. Hide abscheid genommen, liess ich durch meinen Knecht in geheim der Negers anzeigen, sie solten sich in der Stille über die Rivier dess Nachts machen, und drüben meiner Erwarten, mit mir in Virginien zu gehen, worzu sie ganz freüdig, dann sie da hart Tractiert, weiss aber nicht wie sie es angestelt, jemand bekam Lufft darvon, und wurden arrestiert, so müsste ich Sie dahinden lassen, und wurde hierbey der Compass gantz Verruckt, darauff nahme alsobald abscheid, mir selbsten nicht trauend, und kame zu H. Goub. Spotswood in Virginien, welchem alle diese widerwertigkeiten Erzellete, Er mich hefftig bedaurete, weillen aber mein rendevous mit H. Bard auff den Potemac rivier gedachte, so hielte mich nicht lang zu viliams Burg auff, sondern miech mich auff denn weg Marienland, der Meinung ihne bey H. Rossier bey dem Fahl anzutreffen, und da einen Schluss als Mitt Interessiert zu fassen, Eilte hiermit so starck ich könte, da ich aber bey Marien Land point eine Fahrt mit meinen Pferdt über die rivier wolte, hinderte mich ein starcker wind, sobald der wind nachliess fuhr ich hinüber und mieche mich dem fahl zu, wolte aber nicht das unglück dass wo ich bey H. Rossier's Hauss angelangt, noch den H. noch die Fr. dess Hausses noch H. Bart antraffe, die zwey erstren wahren eine ganze Tag Reyss weit zu ihrem Verwandten Visite und H. Bart, wahre juste denn Tag zuvor verreisst mich in Virginien vermeinend anzutreffen; ich alsobald, obwohl Müd von einer langen Reiss, nahmme nur Etwas Speiss und Trunck in der Eyl, Reissete im Sprung zurück, so dass meine Pferdt zu starck geritten wahren, gezwungen einen Tag ehe wir zu Viliams Burg ankamen, zu fuss zu gehen, sobald da angelangt befragten mich ob H. Bart vorhanden, Erfuhr aber dass er zu Hamton dem Ersten Virginischen Seeport wahre, sandte alsbald meinen Knecht mit einem lamen Pferdt dahin, welcher ihne auch nicht mehr antraff, dessen Ursach war, weilen H. Bart da ungefährt Ein Krieg Schiff fertig nacher Neüw Yorck zu seglen antraff, und dessen Capit. sein guter Fründ sich gern dieser gelegenheit zu seiner Ruck Reiss bediente, nachdemme er sich meiner und der Colloney Sachen Invormiert, vernommen, dass H. Goub. Hide gestorben, meine sache alle denn Krebsgang gewunnen, mir einen Brieff hinderlassen, welchen auch Niemahlem Empfangen, ist er auff Neüw Yorck verreisst, welches ohnweit von Bartington, einem schönen flecken, auff die Holendische Manier gebauwen, Ein grentzohrt zwischen Neüw Yorck und Pensilvanien, wo er sich meistends auffhielt, da war ich aber neben ab, dann dieser mein letste ressource war, weillen Er ein Verständiger Erfahrner und aufrichtiger Kauffmann wahre, Ein Gascon de Nation, welches mich Verwundert, dass er als ein listiger Mann, M: M: so viel vertrauwet und fürgestreckt, gedachte es wäre noch Etwas an der Sach der Silber-Minen halben, und wäre die minste aparentz dagewesen Einicher realitet, hätte mich noch gelitten. Was nun zu thun, so ich liecht etwas gehabt, dass mich zu Canawest hätt setzen können, so wir demnach zu weit gegangen, anstatt zu H. Goub. Spotswood gienge zu einem bekannten particular fründ, wolt noch Einen Sach thun, sandte meinen knecht in Carolina, theils zu vernehmen, er hätte sich etwas anders besint, Theils zu vernemmen, was er Eiggendlich für ein Routen genommen, Item zu sehen ob villicht die Negers Entrunnen, in solchem fahl so ich Sie bekommen könte, hätte noch zu Canawest etwas aussrichten können, dann Sie nur Korn pflanzen können, und zu etwas wenix Vieh achtung geben. Es kam aber mein Knecht unverrichteter Sachen zurück, doch wurde Ihme angesagt, dass wann ich meinen Berner Colonisten, und etwelchen Erlichen Pfälzern eine Schloop oder grosse Barquen, mit Provision senden wolte, sie willens zu mir zu kommen, getröstete mich noch zu Erhalten mit denn Bergwercken, so mit H. Goub. Spotswood hatte.

Auff diesen bericht schriebe ich an Obrist filshough, ein reicher Mann königl. Rahts und mein bester fründ, welcher mit dieser Neüwen Colloney gern einstehen wolte mit officieren, dess nohtwendigen proviantz, und anderer Hülff Mittlen, da ich nun streng an dieser arbeit, vermeinend ich hätte ein loch gefunden auszuschleüffen, wurde ich gewarnet. Ein Virginischer kauffmann, der Einem Carolinischen Einwohner auf meine wexel Brieff wahren verkaufft wolte auff den protestierten wexel mich arretieren lassen und ward der arrest noch würcklich in dem Hauss wo mich aufhielte angelegt, ich aber verbarg mich, hierauf gieng ich bey guten fründen zur Raht, fragte ob ich zu Canawest ich vor denn Creditoren sicher wäre, oder andren orten America wurde mir zur antwort an keinem ohrt, dann wann ich schon unter denn Indiannern ich vermittlest der Indianischen Händler oder Negotianten Entdeckt würde, da stunde ich aber an, so dass keine ressource in america für mich zu finden. Es wäre dann sach, dass hoffnung gelter von Bern auss zu bekommen, oder funde Neüwe assossierten, deren wohl zu finden gewesen, wolten aber mit denn alten Schulden nichts zu thun haben.

Wan aber refectiert auff etliche Brieffen die ich Empfangen, welche mich wenig Satisfaciert, verfügte mich ganz vernünfftig zu H. Goub. Spotswood, nacher Viliamsburg sein residenz ohrt, warff ihme meine fatalitet gleich einer Handvoll oblige oder mit diesen worten, Mons. Le Gouverneur: Je suis tellement; nachdemme nun die Zeit in acht genommen, dass er in guter Humor und müssig, fragte ob gelegenheit, mir audientz zu Ertheilen, und das zwar eine lange, worauf er ein wenig lachte, und bekame von diesem generosen H. ein ganz günstig Verhör, nachdemme nun meine Unglückshafftige avanture erzellt, wie auch dass mann mich arretieren wollen, so bezeügte H. Goub. hierüber ein Hertzliches mitleiden, sich Verwundrend, dass man mich so im Stich liess, insbesonderss die Societet, wusste nichts besseres zu rahten, als mich in Europam zu begeben, offerierte mir eine recommandation an Einen guten fründ, der procurieren solt dass der Graff Orknay der Königin für mich ein Sublication presentieren würde, denne solte ich nacher Bern meiner Societet alles krefftig vorstellen und die Gelter zur bezahlung der wexel Brieffen Solicitieren. Diesen Raht communicierte etlicher meiner besten fründ, welche auch mitstimten.

Weilen aber der Winter anbrach und zu diesen Zeiten keine Schiff in Europam Segleten, hielte mich den Winter durch, welcher dorten nicht so lang währet, bey einem guten Fründ, und weilen doch ungern in Europam widrum gieng, viel minder nacher Hauss, so thäte ich alle diese Zeit unauffhörlich bitten, dass der allmächtige Gott mir in Sinn geben wolte, was in einem so schlipfrigen geschäfft thun solte, dass er es alles nach seinem heiligen willen leiten wolle, damit inskönfftig mehr segen in meinem Vornemmen hätte; ich also Eine solche resolution nemmen möchte, welche meiner Seelen am Erspriesslichsten seyn würde, dann wann nichts anderes gesucht als um mich die Zeit meines Lebens zur Nohtdurfft durchzubringen, hätte noch wohl experient gefunden allein die Colony zu verlassen, mieche mir auch gedancken; wann betrachtet was ich Gott schuldig, insbesonders für eine sonderbahre erlössung und wie mir alles so fatal und wiedrig gienge, so könte ich schier Errahten, dass es Gottes willen nicht währe, dass ich länger in diesem Lande Verbliebe, und nun da kein guter Stern für mich schien, so nahm ich Endlich die resolution fortzureissen.

Mich tröstend dass meine Colonisten villicht besser unter diesen Carolinern vortkommen, als die inne zur Zeit besser helffen könten als ich, hiemit desshalben keine grosse versprechung auff mir hätte, dann was ich thäte wahre nicht der Meinung sie gentzlich zu verlassen, da doch mir ihrer ein grosser Theil Ursach genug darzu gegeben, sondern im fahl bey Ihr Königlichen Mayestät von Engelland günstige audientz zu Bern auch mehrere assistentz, so könte dann mit freüden und Nuzen widerum zu ihnen kommen.

Wahre ich aber in dieser Negotiation auch unglückhafftig, so müsste ich wohl Gott diese Coloney und denn Lord Propriet. anbefehlen und mich in meinem Vatterland stillhalten, die übrige Zeit meines Lebens da Verschliessen, in bereüwung der Verlohrnen Zeit, Einer wahren demüthigung und aufrichtiger bekehrung in betrachtung, dass die Sünden meiner jugend mir diss unglück als zuwegen gebracht, obwohlen diese Züchtigungen alle der Menschlichen Natur hart denoch nicht so scharpf wie ich es wohl verdient hätte. Solt mir nun obligen alle weltliche und Eitele Sorgen zu verlassen, hingegen mehrere Vorsorgen für meine arme Seel zu thun, darzu mir Gott die gnad geben wolle.

N. B. habe hievor von dieser Coloney gemelt, wann ich sie schon verlassen, und sie so viel Unglück überfallen, haben Sie solches selbsten auff sie gezogen; 1. wahren Sie, will sagen die meisten abtrünnige von Ihrer rechtmässigen Oberkeit, was sie gegen diese gethan, thaten sie hernach auch mir, da der halbe Theil in der grösten Noht sich von mir gezogen: Item wahren sie Gottlooss Volck, dass nicht zu verwundern, wann der allmächtige Sie mit Heyden hat heimgesucht, dann Sie Erger lebten als die Heyden, und so ich gewüsst, was diese Leüth wären, Berner so wohl als die Pfältzer, hätte mich Ihr wohl nicht angenommen.

Von Pfälzeren gedachte das böste ausszulassen wie es der apparentz nach schinne, was die gewesen so auf dem meer, und Eh ich in Americam kommen getorben ist mir unbewusst, von denen aber die ich noch angetroffen, darunter Etlich verloffene Schweitzer under Pfälzer Nahmen, Erfund ich Sie meistends Gottlosse auffrührische Leüth, darunter Mörder, Dieben, Ehebrecher, Flucher und Lesterer, was immer ich für Sorg und Mühi anwandte, sie in gebühr zu halten, es Hulffen noch krefftige Vermahnung, noch Treüwung, noch Straffen, was ich mit ihnen aussgestanden das weiss Gott, unter den Bernereu wahren zwey Hausshaltungen welche wohl die excrementz dess ganzen Berngebiets im Gottlossen Gesind hab ich nie gesehen, noch Erfahren, und da die Frommen sturben blieben diese als das Unkraut über, so nicht bald verdirbt. Dass schöne und gute Land durte mich sehr zu verlassen als so ein bösses Volck, doch wahren etlich wenig fromme Leüth, die sich wohl gehalten, mir Lieb wahren, denen wünsche, dass es ihnen wohl gehe, der H. bekehr die übrigen. Es wahre nun zu thun wie meine Reiss forzunehmen per wasser oder Land, per wasser kont es nicht geschächen weilen, kein Schiff Capitain Einiche persohn bey Verlurst einer Summa annehmen darff die in Schulden und nicht im Vermögen mit denn Creditoren abzuschaffen, so müsste es per Land geschächen, welches eine lange Reiss, und worzu ich kein gelt hatte, etwas Silbergeschirr so ich noch behalten müsste ich zu gelte machen.

Indessen schrieb ich brieffen an die Coloney, ihnen mein und ihren kläglichen Zustand representierend, und wie nöthig meine Reiss, sendte zugleich auch Schreiben an die H. President. dess Rahts, Ihnen auch meine Gründ vorstellend, und recommandierte bestends die Verlassen und Delassierte Colony.

Nachdemme nun meinen abscheid von H. Goub. Spodtswood genommen, der mich zur Letze wohl regaliert und für einen present, das ich ihme zu Einem kleinen Zeichen meiner schuldigen Danckbahrkeit überreicht, mir an gold ein gegen present thate, welches meines gar weit übertraff: fieng ich meine Reyss mit dess allerhöchsten beystand, grad auff ostren 1713 an, per Land durchzoge schier gantz Virginien, ganz Marienland, pensilvaniam, Jersey und kam entlich zu Neüw Yorck, Gott sey danck, glücklich an, welches eine auff die Holändische Manier wohlgebauwt schöne Statt auf einer Insul einerseits an einem schönen See haffen, und zwischen zweyen Schiffbahren rivieren, die Situation überauss wohlgelegen, mit einem Vesten Schloss und ist die Landschafft daherum charmant, in der Statt sind drey Kirchen, ein Englische, ein Französische, und Holendische, in welcher auf teütsch gebrediget wirdt, da ist aller überfluss und kann mann da haben, was man begert, die besten Fisch, gut Fleisch, getreidt und allerley Erdgewächs, gut bier und allerley der köstlichsten Weinen.

In diesem so lustigen ohrt, blieb ich 10 oder 12 Tag, hernacher Seglete ich in einer Slopp nach Engelland, muss bekennen, dass anfangs mir förchtete, in einem so kleinen Schiff über den grossen Occeanum zu fahren, weilen ich aber Vertröstet es wäre in so kleinen minder gefahr, indem Sie 1. der Seglen in Stürmen besser meister seyen, 2. dass es besser und geschwinder fortkomt, 3. waglet minder als die grossen, 4. bequemer ein und ausszuladen und in der Handlung Nutzlich, in demm ein solch Schiff zwey Reyssen thut, da der grossen nur Eine.

Owohlen wir das unglück hatten, dass meistends widerwind bliessen und offterns starcke Stürm, so langten wir dennoch Gott sey danck, zu End 6 Wochen zu Bristoll glücklich an: diese Statt kann wegen bequemer Zufuhr wegen ihrer grösse, grosser Handlung, Reichtum an Volck oder Einwohnern und gelt, wohl das kleine Londen genent werden, da Ruhete ich etliche Tag auss, und miethe mich zu Pferdt, weilen es in der Land-Gutschen unsicher wahr, in guter Gesellschaft nach Londen, allwo ich mich etlich Monath auffgehalten, der Hoffnung ich wurde etwann meine Suplication bey der Königin Anna durch denn Herzog Beaufort als meinem H. Patron, der Erste Lord propriet. und Palatinus von Carolina war, eine kleine Zeit aber zuvor, da Er willig meine Suplication der Königin vorzutragen, hat ihne Einsmahls der gehe

Tod überfallen, aber ein streich meiner ungünstigen fortun bald hernach Sturbe die Königin selbst: so geschahe solche nahmhaffte Endrung am Englischen Hooff, dass meine Suplication unter den Tisch gewüst, wie ich für eine lange Zeit kein Hoffnung sahe, zu Einicher favor an diesem Neüwen Hoff, obwohlen doch zu seiner Zeit apparentz, es wurde der Neüwe König als Teütscher Nation, diesem Geschäfft geneigt seyn, weilen die Winters Zeit beschwerlich zum reissen und ich zu Londen nichts aussrichte: kan unterdessen mich übergehen zu Erzellen, dass wie ich zu Londen angelanget mit Bestürzung vernommen, wie dass der Berg Haubtmann J. Justus Allbrecht mit etliche 40 Bergleüthen angelangt, welches mir nicht wenig Mühi, Sorg, Verdruss und kosten Verursachet. Indemme diese Leüth so blinder weiss ohne ordre daherkommen, vermeinend da alles Nohtwendige zu ihrer Erhaltung und Verschaffung nach den americanischen Bergwercken zu finden, Es wahre aber nichts für sie Vürhanden, und ward ich selbst so lehr an gelt, dass kaum ich für meine Nohtdurfft bekommen könnte. Indemme auss america kein Gelt Verblieben und zu Londen kein wexel noch für mich vermacht, so dass mir unmöglich ein so menge Leüth zu assistieren, was diss mir für eine unerträgliche last ist wohl zu dencken, indemm sie vermeinten, dass Lauth habender Tractats ich schuldig sie zu versorgen, welche zwar also auff meinen Befelch kommen währen, hatte aber auss America geschrieben, und das öffters sie etliche Brieffen empfangen, dass Nemlich der Berg Haubtmann Justus Allbrecht mit seinem Gesind nicht kommen sollte biss auff meine orderes mit Verdeüten, dass wegen entstandenen unruhen in Carolina und Indianischen Kriegs mit den Bergwercken nichts zu thun, solche von H. Michel auch noch nicht gezeigt, so aber H. Berghaubtmann, in einen weg komme, wolte nur selbstander oder drit, um den augenschein zu Nehmen. Dieser aber ist unbedachter weiss in Einen weg fortgefahren.

Was nun zu thun, wusste nichts besser als diese Leüth wiederumb zurück nacher Hauss weissen, welches aber ihnen so unbeschwerlich fiel, dass sie lieber sich für 4 jahr lang zu knechten in America verdingen wolten als zurückgehen, indessen waren keine Schiff fertig in America zu Säglen, mussten sie denn ganzen Winter durch bis in

Frühling zu Londen sich auffhalten, worauss aber leben, diss mieche mir viel Mühi, Endlich loff ich zu einem und andren grossen H: um ihnen Arbeit und brodt zu procurieren; theilen fund ich platz andren nicht, unterdessen ward ich pressiert nacher Hauss zu gehen; fund zu Letst zwey virginische vornemme Kauff H: dennen die Sachen bestends vorstellte, und recommandierte mich hierbey berahtend mit H. Obrist Blankiston an welchem von H: Goub: von Virginien recommandiert eben von wegen den Bergwercken, damit seine Officien für mich bey hoff leisten solten, ward hierüber resultat dass diese Leüth Ihr Gelt zusammenschossen nach proportion dessen Rechnung zu tragen, das übrige solte einiger obiger Kauff H: darschiessen, denn Transport und Zehrung dieser Leüthen ausszumachen, bey Ihrer anländung solte H. Goub. von Virginien sie annehmmen und versorgen, den Schiff Capitain ausszahlen, welcher dann den Londischen Kauff H: ihr vorgestrecktes restituieren solte. Darzu schrieb ich ein umbständlich brieff an H. Goub. Spotswood, demme eint und anders bestends representierte, mit, dass sie die kleine Coloney/: auff dem Land in Virginien so wir zusammen hatten:/ ohnweit dem ohrt wo Mineralien gefunden und anscheint Mines vermuhtet, solten Destiniert seyn, wo sie sich durch die weissen anstalt und gutes fürsorg H: Goub. setzen könten, indessen wo da nicht genugsamme Editia zu Silber Mines anderwehrts zu sehen, und weilen doch in Virginien noch Ehr und Kupfer Schmelze vorhanden, an solchen Mineralien doch alle fülle, könte man bey diesen anfangen, und brauchten wir darzu kein Königliche Patenten wie zu den Silber Mines der Hoffnung dieses wurde angehen, befahl ich diese guten Bergleüth der Obsorg dess allerhöchsten, so verreissten sie anfangs Jahre 1714. Nun ist ein ganzes jahr verflossen, dass noch von H. Goub. noch von Ihnen kein Brief empfangen, desswegen in grossen sorgen stehe.

Es schient dass nun meine amerikanische Traverses zu End gekommen, allein eben der Unglück Stern so mich auss meinem Vatterland geführt begleitete biss nacher Hauss.

Auss forcht es wurden meine ammericanische Creditoren denne der Allerschärffsten einer zu allem Unglück zu Londen befunden, anstalten zu thun, dass man bey dem Meer port mich erfragen und arrestieren solte, nahm ich die rosolution anstatt der gemeinen Routen p. Douver oder Harwich zu nehmmen, in einem kleinen fahrzeug so nacher St. Valerio [Valery] Destiniert, und meine Reiss nacher Hauss als kürzer und sicherer zu thun, der Tag ward angesetzt; weilen ich aber kein passport nemmen dörffte, auss forcht ich wurde Entdeckt, rahtete mir der welchem meine Sachen vertrauen müsste, doch unter einem andren Nahmen in einem kleinen Schifflein nacher Gravesand zu fahren, under mieche sich auch fertig, da ich ungefehrt halben wex [Wegs] wahre, Stürmte ein solcher starcker widerwind daher, dass ich gezwungen ans Land zu fahren und zu fuss nacher Gravesand zu gehen, wo ich über nacht, und noch einen ganzen Tag, weilen köstlich zu zehren, nicht wüssend wie lang dieser contrare wind anhalten wurde, neben das erst betrachtent, dass diess auch im port nahme den weg wieder nach Londen, wo mein Schiff Patron noch nit fertig ward, auff bessren wind wartend, ich aber verbliebe in Southvick innerhalb der Tems biss auff ordre, da Er abgestossen, ward ich gewarnet nachzufahren, und trate noch bey Greenwich ins Schiff, zu Gravesand liesse mich der Schiff Patron aussert der Statt jenseits auss, und solte ich da warten, biss er angebend und visitiert, ohngeacht Er denn Visitatoren gesagt, meine Coffre gehörte einem Edelmann von St. Valerio, Er köne bezeügen es währen nur Kleider und Hardes wolten Sie nicht daran kommen: So sendte mir Eilends einen Jungen mir anzuzeigen, ich müste meine Coffre aufftthun, wurde mir aber bey diesem nicht geheim, doch hielte ich bonne mine, Sprach frantzösisch, nahme allsobald mein Schlüssli sambt einer Englischen Cronen, und gabe die dem Commissarius, mit Bitt, er solte meine Kleider als die gar wohl Eingepackt nicht vast vieggen, diss passierte zu allem glück, so sie meine Schrifften Erdauret wäre ich Entdeckt und in gefahr kommen.

Nach demme diss vorbey fuhren wir fort, da wir aber schier zu der embouchure der Rivier bey einem Seeport Margeth genant, erwecket sich ein erschröcklicher Sturm, mit donnern und blitzen, dass wir in grosse gefahr, und könten wir die Nacht durch den ancker kaum behalten, denn Tag hernach, da sich der windt gelegt, Segleten wir fort, und da wir auff dem Meer waren trieb uns der widerwind so starck an einen ort, da viele Sandbänck wahren, dass wir mit grosser Noht zuruck an ein ander Seeport fahren gezwungen, Ramsey genant wahren, die Leüth auss dem Stettli und ein hauffen Matrosen so sich da befunden, uns nicht zu Hülff kamen, waren wir zu grund gegeangen, da müssten wir ganzer Tag wegen widerwind und unsere Verrissener Segel und andre Sachen zuzurüsten, verbleiben, welches mir der nur bloss gelt für meine Reyss nacher Paris hatte Schwär ankommen, das sich der wind um etwas gelegt fuhren wir auss, wurden zum andren mahl zurückgetrieben, Entlich endert sich der wind Nordost, welcher uns günstig, da ruckten wir vor Dover, abermahl enderten sich die wind, so dass diese Reyss mir mehr überlegen als da ich zwey mahl über den Occeanum gefahren, brachten anstatt drey Tagen die ganze wochen zu, nach St. Valerio zu kommen, und ist da eine so gefährliche Zufahrt, dass ohne guides, die uns entgegenfahren, und fortgeholffen, wir niemahlen Im Selbigen haffen kommen wären, von da kam ich die rivier hinauff nacher Aberville [Abbeville], von dannen ich in der Land-Gutschen nacher Paris, von dar auff Lion biss zum zum fort de Cluse, wo mich der Commandant auffgehalten, weilen kein passeport hatte, da doch mir nach Eyd mäss in ganz Franckreich, keines gefordert; hätte ich nicht ungefahrt mein Amts-Patenden von Yferten in meiner Coffre gehabt, und fürgewiesen, Erzellend wie dass ich mit H. Bernern gute Nachbahrschafft gehalten, dessen auch etliche nahmhaffte Umständ geben, hätte ich da bleiben müssen, biss einen Schein von Bern bekommen, so reissete ich fort auff Genff, von dar auf unser Reb Gut zu Salaz bey Rivaz wo ich lauth geschriebenen berichts meine famillie gedachte anzutreffen, ja gar zu verbleiben, alles war zuvor 8 Tag nach Bern gereisst, so musste ich auch dahin, zwar mit gröstem unwillen, langte Gott sey danck auf Martyny 1714 gesund an und traffe auch zu Hauss alles im guten Stand an.

Aber ach was vor Enderung in der Statt wie ich alles gefunden, wie kalt die alten fründ, was Stoltz und Hochmühtig bey vielen, und was weiter ist Verdrisslich zu melden, dass böste ward, dass wo ich vermeint Souccours zu finden, mein Delassierte Coloney zu restituieren, theils abgewiesen, theils sonsten nicht zu recht kommen kann, so dass gezwungen auss Mangel assistenz ins besonders von meiner Societet, welche mich im Stich lasste, die Colonney zu abandonnieren welches zu bedauren.

Indemme nun andre im trüben wasser fischen werden und profitieren von demme was mit grossen kösten, gefahr, Mühi, Sorg und Vertruss zu wegen gebracht. Dann die Sachen nun in Carolina in einem guten Stand, das Gouvernement besser eingerichtet, die wilden Indianer ausgereütet. Ein guter Frieden gemacht, die fornembsten Dificulteten auss dem weg graumt, das bequemste ohrt der Coloney gesaubert, hiemit gesunder und mit Einwohnern besetzt: So dass die Nachkommen es weit besser finden werden, als wie dann alle anfäng schwer sind, thut mir im Herzen wech ein solch gut und Schön Land zu verlassen, allwo in so schöner prospect mit der Zeit proscrieren und die Colonney in ein Nahmhafftes auffzubringen.

Weillen die fortun in dieser Welt mir nicht gunstiger seyn wollen, nichts besser ist als zu verlassen alles was der Welt ist, und die schätz suchen die im Himmel welche die Schaben noch der Rost fressen, und die Diebe nicht nachgraben können.

Hatte hierbey ein ordentliche Beschreibung der Englischen provinzen im Continuierten America welche durch reissen machen können; weilen aber hierüber unterschiedliche Autores geschrieben, lass ich darbey bewenden, könnnen hierüber gelessen werden: P. Hennepin, Bloms Englisch-America, Baron de la Honten Fischers gross Brittania Americe und von Carolina inspecié H. Ochsen Neüstes Tracktättli, Fischers Translation, Lawson Journal und Description Carolina:

Copey deren an H. Eduart Hide Goub. In Nord Carolina, d. 23. October 1711, überschriebenen relation betreffend meine wunderbare Errettung von denn wilden.

Hochgeehrter Herr!

Durch die wunderbahre und gnädige Fürsehung und Hülff dess Allerhöchsten, bin ich Entlichen, auss der barbarischen Henden dieser wilden Tuscowruro Nation Entrunnen, und in meiner kleinen Behaussung zu Neüw Bern angelanget, aber halbtod, weilen zwey ganzer Tag allein durch die welder gegen Catechna auss zu Fuss so starck und vast immer könte marschieren musste, gezwungen mein Quartier bey Einem Erschröcklichen wilden gaben, alwo ein tieffes wasser, weilen die Nacht mich übernommen, und vor müde nicht weiters könte, zu nemmen, wie ich diese Nacht zugebracht ist wohl zu dencken, nicht in geringen forchten von denn wilden oder fremden Indianern Erdappet zu werden, und von einem Bären so die ganze Nacht ganz nach bey mir herumb brumleten, zerrissen zu werden; zu demme wahre ganz lam vom gehen, ohne Gewehr, ja nur nicht ein Messer bey mir etwas feür zu schlagen, und weilen der Nordwind vast bliess ward es ein kalte Nacht, dess Morgens da der Tag anbrach und ich auffstehen wolte von dem kalten und harten Liegen meine Beyn so steiff und geschwollen, dass ich kein dritt gehen könte, weilen es aber doch sein müsste, suchte mir zwey Stöck auss, daran ich mit grosser Mühi und Schmerzen gehen, hätte genug zu thun, mich über diss Wasser zu machen, welches mit Schnagen über einen langen asst geschache. Entlichen kame nacher Hauss, da mir eine kleine Distanz darvon Eine Behaussung ins Gesicht bekommen, befestiget und voller Leüth wahre ich um Etwas getröstet, weilen vermeinte es wäre alles von den Indianern abgebrunnen und verderbt sowohl als der Colonie Häusser, ja dass auch wenig meiner Leüthen antreffen wurde, indemme mir der wilden grausamme expedition nur zu wohl bekant, so sie den Rivier nach von Pamtego, News, und Trent gebrandt, gemort und geblündert was sie angetroffen, auch resolviert das ganze Land zu verderben, da meine guten Leüth mich erblickt ausssehend und schwarz wie ein Indianer, dennoch meine Statur und blauwen Rock betreffend wüssten sie nicht was zu gedencken sonderen der Meinung gentzlich ich wäre Tod, Steiffte sie vielmehr ein Indianischer Späch der meinen Rock angethan, wolte da etwas herauss Spächen, so dass die Mantschafft ins Gewehr sich stelte, da ich aber nacher Hauss kam, an zweyen Stücken ganz lam gehend, sahen sie bey meiner Continenz und postur dass ich kein Indianer oder wilder wahre, doch kanten sie mich nicht, bis dass etliche vorauss giengen, mich besser zu recognoscieren, da ich sie in ängsten sahe finge von weitem zwar mit einer ganz brochnen Stimm an zu reden, welche so bestürtzte, dass sie Etliche schritt zurückgiengen, zu den übrigen

Schreyend, sie solten nur hervorkommen, es seye ihr vermeinter Ermörter H., so kam alles übren Hauffen, Mann und Weib und Kinder geloffen mit Starcken exclamationen, theils weinend, theils ganz stum vor bestürzung, mich Salutierend, als ein wunderbahres Spectacul, da ward trauer, Freüd und bestürzung vermischt und gieng mir solches zu hertzen, dass es mir gute Tränen herausspresseten: Nachdemme mich nun obwohlen sehr müd mit diesem Volck, so mich umringte, etwas verweilet mieche mich Endlichen in mein altes Quartier verschloss meine Kammer und thate mein Hertzliches Gebett der Danksagung zu dem Gütigen Gott, für solche gnädige und wunderbahre Errettung; die dieser Zeiten wohl für ein Miraculum passieren mag.

Den nechsten Tag fragte ich was in meiner Abwesenheit sich zugetragen, kam aber so viel Vertriessliches herfür dass mir im Herzen weh thut, das böste wahr, dass neben dem Verlusst 60 oder 70 Pfelzer so ermördet worden, die übrigen so sich salvieren können geblündert. und von diesen restierenden Mein Hauss, worin Ihre Eigne güter, wahren, und das Stettli verlassen, welche ein gewüsser Viliam priecé undanckbahrer mann demme viel gutes erwiesen ja welchem mein und und der armen Colonisten gelt und gut von der armuht auffgesetz von mir abgezogen, Sie durch allerley Verheyssung und List auf die Trent Rivier zu sich gebracht, womit er sambt noch Etlichen Englischen planter oder Einwohnern Eine garnison zu wegen gebracht, sein Hauss zu Deffendieren, so müsste ich zufrieden seyn, mit einem hauffen Weib und Kindern, an bewehrter Manschafft wahren nicht mehr denn 40; diese alles musste ich erhalten, zwey und zwanzig wochen lang, so ist all mein getreid so zu allem glück in Voraht hatte, mein Vieh gross und klein dahin, wann wir nicht fürderlich die Nohtwendigkeiten bekommen müsten wir Nohtwendig verderben, oder den platz und posten Verlassen: desswegen hochgehrtester H. wir inständig bitten, Verlangte provision, Munition und bewehrte Manschafft sobald immer möglich und aller Eyl zu senden, damit wir diese Barbarische Mörder zurucktreiben können, sonsten wurd das übel je grösser, und ist zu beförchten das ganze Land wurde zu grund gehen. Ist nicht genugsam sich zu verwundern, ja Ergerlich eine solche Kaltsinnigkeit und so wenig Liebe bey denn Einwohnern der Graffschafft Albemarle zu sehen, dass sie so mit gebogenen armen zusehen können, wie ihre nächste Brüder schröcklich von dieser Barbarischen Nation Ermordet werden; ja sie selbsten nicht eines besseren zu gewarten, und eines Immerwehrenden Verwisses wehrt, ist sich auch nicht minder zu verwundern, über eine so schlechte Policey und ordres der Vorgesetzten, excussieren aber hier in bester Vorm Eüre Herlichkeit vergwüsseret dass meine HochwohlgeEhrteste H. alle Nothwendige befelchen und anstalten gethan, solches aber schlecht oder gar nicht exequiert, welches zu bedauern.

HochgeEhrter H: obiges nur zum bericht, wie ich nacher Hauss kam, zu meiner entladnuss und Justification aber wird nötig seyn zu vermelden wie ich unter diese Barbarische Nation gerahten.

Bey diesem Schönen und Scheinbahren beständigen Wetter kame der general Feldmesser Lauson mich zu Infitieren die Neuss rivier hinauff zu fahren, seyen da eine Quantitet guter wilden Trauben, könten uns ein wenig darmit ergetzen, das war aber nicht genug, mich dahin zu persuadieren, so kam vermelter Mons. Lauson bald wider, gabe mir besser gründ vor, namlich dass wir zugleich sehen könten, wie weit hinauff die rivier Schiffbaar, dass da ein kurzer weg nach Virginien einzurichten, anstatt der ordinari weg weit und beschwerlich, Item zugleich zu sehen was für Land da hinauff: dieses und [wie] weit es zu denn Bergen, hätte schon längst gern gewust, und selbsten gesehen, So resolvierte mich hiemit zu dieser kleinen reiss, und nahme alles Nohtwendige sambt provision für 14 Tag mit, fragte aber insbesonders H. Lauson, ob gefahr wegen denn Indianern, sonderlich deren, mit welchen wir nicht bekant, gabe mir zur antwort hätte nichts zu bedeüten, Er habe diese reiss schon gethan, und das ganz sicher, Wonten auch an diesem arm der Rivier keine wilden, sondern währen ziemlich abgelegen, damit wir aber desto sicherer gehen könten, so nahmen wir neben zwey Negers zum Rudern noch zwey bekante nachtbahrte Indianer, welchen viel guts erwiesen, und da Einer die Englische Sprach verstund, gedachte wann wir diese zwey Indianer mit uns hätten, wir von andren nichts zu beförchten. So fuhren wir ordentlich hinauf, hatte lange nicht geregnet, dass Wasser wahre nicht dieff, der Strohm oder Lauff des Wassers ward nicht starck, denn ganzen Tag wahren wir auf der Rivier, dess Nachts spanten wir unsere Zelten auf dem Land nach beim Wasser, und Ruheten, dess Morgens früh fuhren wir wider fort.

Es beliebe H: Goub. zu vernemmen, dass ermelter Feldmesser Lauson, fast um mein pfert anhalten thäte, vorgebend, Er wolte ein wenig in die Wälder reiten, wann wir droben wären, um zu sehen, wo der weg nacher Virginien am bequemsten könte angefangen werden: wolte mich aber anfangs nicht darzu verstehen, doch entlichen hielte Er nur um eines an, welches ihm accordiert, der Einte Indianer Ritte per Land, musste aber an Einem Ohrt über die Rivier, welches unser unglück, dann Er denn Indianern, weiss nicht ob er verirret oder Verrätherischer weiss, zu dem grossen Indianischen Dorff Catechna kam, wo alsobald gefragt was er mit dem Pferdt thäte, dann die Indianer der Enden keine gebrauchen, antwortete, dass er das Pferdt uns führen müsste, wir aber fahrten indessen die rivier hinauff: diss allarmierte alsobald die Indianer insbesonders die Einwohner Catechna, so dass sie sich zusammengerottet, in der ganzen Nachtbahrschafft, behielten das pferdt, und sagten unsrem Indianer er solle alsbald zu uns gehen, und vermelden, sie wolten nicht gestatten, dass wir weiters hinauff durch Ihr Land fahren, auss befelch dess Königs der da residiere solten wir zuruck, so gabe durch einen Schusz, denn unser Indianer abliess, das Signal darmit wir still stunden, welches wir gethan, nachdem wir unsere Flinten auch zum Zeichen abgeschossen. Es ward schon spaat, als er zu uns kam mit der bössen Zeitung. beim ersten Brunnen lendeten wir an, unser Nachtquartier zu nemmen, da traffen wir schon zwey bewehrte Indianer an, als kämen sie vom Jagen, ich sagte hierauff diss gefiel mir nicht, Wir wolten da nicht bleiben, sondern zuruckfahren. Er der general Feldmesser lachte meiner, aber Ehe wir uns umkehrten ward Ernst darauss, so dass ihme das Lachen vergieng, augenblicklich kam auss allen Büschen und durch die Rivier geschwommen eine solche menge Indianer und übernahmen uns, dass uns unmöglich zu Deffendieren: Wir wollten uns dann mutwilligerweiss zu tod schiessen lassen oder gar Erschröcklich Martren. Wurden hiemit gefangen genommen, geblündert und weggeführt. Wir wahren schon drey starcker Tagreissein hinauffgefahren, ohnweit von einem andren Indianischen Dorff, Puruta [Coerutha, in French MS. C] genant, die rivier ist da noch zimlich breit, aber nicht mehr als zwey oder drey Schuh dieff wasser, und ist noch weit von den Bergen, wir verlangten, dass man uns diese Nacht da lassen solte mit einer wacht, wann sie an uns zweiffletin pretextierend, ich könnt nicht so weit zu fuess gehen, wolte dess Morgends früh per Wasser zum König nach Catechna fahren, und uns da versprechend, war aber nicht erheblich, eine so seltsamme und Considerable Captur/: dann sie mich für den Goub. der ganzen Provintz hielten:/ Blaseten ihr barbarischen Hochmuht dergestalten auff, dass wir gezwungen wurden die ganze Nacht durch Wälder gesteüd und Morast mit ihnen zu lauffen, bis dass wir gegen Morgen um 3 Uhr nacher Catechna kamen, wo der König Hencock genant in aller Glori mit seinem Raht auff einem Erhabenen gerüst Sassen, da sonsten die Heyden oder wilden auf dem boden pflegen zu sitzen: Nach Einer Consultation und dess führers oder Haubtmanns, unsrer Escorten gethaner scharffen red, brach der König mit seinem Raht auff, und kam mit dem Obrist Kriegshaubtmann, zu uns ganz höfflich, könten aber mit uns nicht reden, wenig Zeit hernach gienge der König in sein Cabinet oder hütten, wir blieben bey einem feür mit 7. or 8. wilden bewachet, gegen 10 Uhr kam ein Wilder hier, der ander dort auss seiner Hütten herauss, da ward Raht gehalten, und ward fast Disputiert, ob wir solten als Criminale gebunden werden oder nicht, ward geschlossen Neyn, weilen wir noch nicht Verhört wären; gegen Mitag brachte uns der König in einer Lausigen Peltz Cappen selbsten etwass speiss als ein gattung brod von Indianischem Korn gemacht, pre um plino [dumplins, French MS.] genant und gekochtes kaltes wildbrett, darvon zwar mit widerwillen mich fast hungerte, ass ich, wir hatten die Freyheit in dem Dorff herumb zu spatzieren, gegen Abend ward ein grosses Vest oder Zusammenkunfft von allen benachtbahrten ohrten, diss wahre bestimmt auss zweyen Ursachen: 1. Weil sie das bösse Tractament etlicher bösser und unwirschen Englischen Carolinern rechen wolten, so vom Pamtego Neüw und Trent rivier. 2. umb zu erfahren, was sie für hulff zu gewarten von Ihren benachtbahrten Indianern N. B.: Hierbey zu observieren dass noch weder wir noch unser Coloney die Ursach dieses Erschröcklichen Mords und Indianischen Kriegs, wie zu sehen und mit mehreren zu vernehmen.

Dess abends kamen von aller ohrten her eine Menge Indianer, sambt den benachtbahrten Königen, um 10 Uhr nachts auff einem schönen weiten Platz, insbesonders zu grossen Festiviteten oder executionen gerüstet und Destiniert wahre die Versamlung der grossen, wie sie nennen, Verstehend in 40. aller Verständigster Indianer auff dem boden nach Ihrer art und Manier Sitzend, in Einem Ring um ein grosses feür, König Hencox Presidiert, da war in dem Ring ein Platz für uns gelassen, wo zwey mats, das ist gehürd von kleinen rohen geflochtene Bletzen, gelegt, darauff zu sitzen, welches ein Zeichen grosser Defferentz und Ehr, so sassen wir nider und unser Vorsprecher, welches der Indianer ward, so mit uns gekommen, der gut Englisch konte, an unsere Linke Seiten, der König gab ein Zeichen dem Redner, der Versamlung, welcher eine lange Red gantz grafitetisch thate, so wahre geordnet Einer von den jüngsten der Versamlung des Rahts oder Indianischer Nation interesse und sach zu representieren und Defendieren, welcher es so viel ich vermercken könte in bester Form thäte, Sasse grad neben unsrem Dollmetscher und fürsprecher, der König formierte allezeit die questionen, das ward dann pro et contra descutiert, hierüber alsobald Consultirt und Concludiert.

Die Erste question war, was die Ursach unsrer reiss unser antwort ward dass wir für unsere Lust da hinauffgefahren, druben zu gewunnen, zugleich um zu Erfahren, ob die rivier bequem dass per wasser wir ihnen wahren zu führen könten, mit ihnen zu Negotieren und gute Correspondentz zu halten, so befragte uns der König worum wir uns bey ihm nicht angemelt und unser Vorhaben comuniciert. Hernacher kam in question eine generals Klag, dass sie die Indianer sehr übel von den Einwohnern der Pamtego Neuws und Trent Rivier Tractieret und gehalten worden, welches nicht mehr zu dulden, und Namseten in Species die Autores, so war unter andrem der general Feldmesser auch angeklagt, welcher aber als gegenwertig bestmöglichst sich Verantwortet. Nach zimlichen Disputieren und erfolgter Deliberation ward geschlossen, dass wir wohl könten liberieret werden, und ward der nechste Tag zu unserer Heim-Reiss ernamset.

Den andren Tag Verzug sich zimlich, Eh wir konten unser Canou oder Schifflin haben, Indessen kamen etliche ihrer grandes und zwey Könige, welche Curioss zu wissen, was für Justificationsgründ wir hätten, so wahren wir noch einmahl in dess Königs Hencock Cabinet zwey Meyl vom Dorff examiniert, gaben gleiche antwort, zu allem unglück war da der König von Cortuex [Core, MS. C], welcher Mons. Lauson etwas verwisse, so dass sie beyderseits in streit gerahten, und sich zimlich erhitzet, welches all unser sach Verderbte.

Und wie ich immer denn Lauson von seinem Disputieren abzuhalten trachtete könte nichts erhalten: die Examination endete sich Endlich, wir stunden alle auf, wir zwey spatzierten mit einander und that ich ihme sein unbehutsamkeit in solcher geferlichen Conjunctur starck verweissen, in allem dem kamen Einmahls 3. oder 4. grandes gantz erzörnt, Ergriffen uns hart bey denn armen, führten und setzten uns in das alte ort hart. Darunter waren keine Mattes für uns gelegt, nahmen uns Hütt und Baruquę warfen sie ins feür, darauff hin kammen junge bösse gesellen, thaten uns zum andren mahl blündern, unsere Seck visitierend, welches zuvor nicht geschächen, dass sie sich im ersten mahl nur an die grössren Sachen hielten. Hierauff wurde kriegs Raht gehalten und wahren wir beyde zum Tod Verurtheilt, ohnwüssend was die ursach, so waren wir die ganze [Nacht] in gleicher postur, auff dem Boden sitzend, biss am Morgen, da bey anbrechendem Tag wir von damen weg, wiederum auff den grossen richt und Sammelplatz geführt wurden, bösses omen für uns, kehrte mich umb gegen Mons. Lauson ihme bitter Klagend wie dass seine Unfürsichtigkeit unsers Ruins ein ursach, währe geschächen um uns, nichts bessers als denn frieden mit Gott zu machen, und uns zum Tod bezeiten zu rüsten, welches ich in gröster Andacht thate, da wir an Bemelten ohrt anglanget, wahre der grosse Raht schon begonnen, ohngefehrt sache ich ein Indianer wie ein Christ gekleidt Ehe wir in denn Ring berueffen, welcher Englisch reden könte, befrieg ihn ob er nicht sagen könte, was die Ursach unsrer Condemnation welcher mir mit einem Sauren gesicht geantwortet, worum Lauson sich so mit Cor Tom gezangt und worumb wir getreüt wir wolten uns an denn Indianern rächen, auff das nahm ich den Indianer auff die Seiten Ihme alles was ich könte versprächend, so er mich anhören wolte, und hernach meiner unschuld etlicher der grandes erzellen, hatte genug zu thun, ihne nur dahin zu persuadieren, Entlich gabe er mir gehör, so Erzelt ich ihm, dass mir leid, dass Mons. Lauson so unfürsichtig mit Cor Tom Disputiert, es haben die Räht ja selbsten mögen sehen, dass ich dem Mons. Lauson mehrmals abgemahnt, so dass ich hier in kein Schuld, und was das bedreüwen wäre, dessen nicht das minste nur gedenckt worden, were ein Missverstand oder Lauson sich über mein Negers beklagend dass sie ihne in der ersten Nacht von Seiner Ruh verstört, hierüber bedreüte ich die Negers starck wegen ihrer Unverschandheit und diss wahre alles, nachdem mich der Indianer angehört, gieng er von mir, ich hielte Ihme meine Versprächung: ob nun dieser Hehr zu meinen gunsten geredt, kan ich nicht wissen, aber eine Viertelstund hernach, kamen die alten grandes, führten uns auff den Richtplatz und bunden uns da an Arm und beynen, darzu noch denn grössern von meinen Negers, aldann finge an unsre traurige Tragedie, welche erzellen wolte, so Euer Lieb nicht zu lang und Vertrüssig, dennoch weilen bereits schon angefangen will ich Continuieren.

In der mitte dieses grossen platzes sassen wir neben Einander gebunden auf dem Boden Sitzend, der general Feldmesser und ich, die Röck aussgezogen mit blossen haubt, hinder mir mein grosser Neger, vor uns ward ein grosses Feür umb das Feür herum miecht der Conjurer/: das ist ein alter grauwer Indianer als ein Priester unter ihnen, welcher insgemein Ein Schwarzkünstler ja der Teüffel Selbsten beschweret:/ zwei weise ring ob von Mehl oder gar weissen reinen Sand Kriess weiss ich nicht, grad vor unsern Füessen lag eine Wolffshaut, ein wenig besser Vornen stunde ein Indianer in der allerhöfflichsten und Erscröcklichsten Postur, als könte Erdenckt werden; Welcher nicht von dem Platz wiche, mit Einem biel in der Hand, wahre dem ansehen nach der Scharffrichter: Weiter vor uns jenseits dem feür wahre ein grosser Hauffen Indianer Gesind. durchmist mit Jung Gesellen, Weib und Kindern, diese Tanzeten alle In abscheülichen Posturen, In der mitte war der Priester oder Beschwerer, Welcher wann im Tanzen ein Pausen war, Seine Beschwerungen und Treüungen mieche, um den Tantz oder Ring an Vier Eggen, stunden eine Gattung officieren, mit Flinten, welche mit den Füessen Trapeten und die übrigen Dänzer anjourierten, und wann ein Tanz auss ward, Ihrę Flinten abschussen, und in einem Eggen dess Rings wahren noch 2. Indianer am boden Sitzend, welche auff einem kleinen Trumlin Schlugen und sangen, und sangen darzu so wunderlich in einer solchen Melodey die eher Zorn und Traurigkeit provizierte, als aber freüd ja denn Indianern selbsten nachdem sie müd wurden vom danzen, Lauffen Sie alle Eins Mahls darvon in Einen Wald, mit Erschröcklichem Geschrey und Heulen, kammen bald wider auss dem Wald mit schwarz, weiss und Roht angestrichenen gesichten, theils noch mit auffgethanen harren, voller Federflaum, Theils in allerley Ihrer Bälgen, Summa in solchen ungeheüren Posturen, dass Sie mehr einer Truppen Teüfflen gleich sahen, als aber andren Creaturen, wann mann je denn Teüffel in der abscheülichsten Postur als kan Erdenck werden representierend, lauffend und Tanzend, auss dem Wald rangierten sie sich wiedrum an den Alten und Tantzten um das Feür: Indessen wahren hinder unss 2. Reyen Bewehrter Indianer als Wacht, nicht von ihrem posten weichend, biss alles auss ward, hinder dieser Wacht wahre der Kriegs Raht in Einem Ring am Boden Sitzend, im Consultieren fast beschäfftigt, gegen Abend da die Sonnen untergieng liess das vorrige gesind vom Tanzen ab, und gienge in denn Wald Holz zu holen, das Feür an Eint oder andren ohrt zu erhalten, insbesonders aber miechen sie Eines etwas weit im Wald, so die ganze Nacht währte, und so gross dass ich vermeinte der ganze Wald wäre in einem feür.

Es gedenke Mons. Goubernat. was Traurig und Schröcklich Spectacul mir das ward zu sterben, dennoch ward ich ganz resolviert, so wahr ich in einer Starcken Devotion den ganzen Tag und nacht, ach was hatte ich für allerley Gedancken, alles kame mir für was immer in Meinem Leben, sich mit mir zugetragen, so weit ich mich erinnern könte, Thäte mir alles aplicieren und zu Nutzen machen, was nur auss der Heiligen Schrifft, denn Psalmen und andren guten Büchern gelesen, kurz rüstete mich so gut ich könte zu einem guten und Seligen End, ja der gütige Gott Verliche mir so viel Gnad, dass unerschrocken gelassenlich alle augenblick Erwartete solte nach aussgestandener Seelenangst mehr als Todesforcht denoch blieb in mir weiss nicht was für eine Hoffnung ungeachtet kein Zeichen Einicher Errettung Sahe, ob ich wie hievor meine Sünden vor mir Schwebten, so funde hernacher grossen trost in Betrachtung der Wunderbahren so der H. Jesus in seiner Zeit auff der Erden gethan, diss erweckte in mir ein solches Zutrauwen, dass hierauff mein Einbrünstiges Gebett erhören, und diese wilde gemüther steinerne und Barbarische Herzen etwann Endern, zur Gnad geleitet und bewogen wurden, welches auch durch Gottes Wunderbahre Fürsehung geschächen ist. Dann die Sonne Vast undergieng, so Versamlete sich der Raht noch Einmahl, ohne Zweifel ein End dieser vatalen, erschröcklichen und traurigen Ceremoney zu machen ich kehrte mich etwas hinderwehrts ungeachtet gebunden, wüssend dass Einer unter Ihnen die Englische Sprach zimlich wohl verstunde, und thate eine kurze Red, representierend, meine unschuld, und wie so sie mir nicht verschont, die grosse und Mächtige Königin von Engelland, mein Blut rechen würde: Weillen auss Ihrem Befelch diese Coloney in diess Land gebracht, nicht ihnen einichen Schaden zuzufügen, Sie zu einer Miltrung zu engagieren, mit anerbieten meiner Diensten und allerley gutes so ich liberiert wurd: Nachdemme nun aussgerett, observierte dass einer der fürnemsten, der auch zuvor mir ganz geneigt Schinne, ja mir auch einmahls Speiss gebracht, und der dess Königs Taylors/: Deme das Land wo das Stettlin Neüw Bern abgekaufft:/ Verwundert ganz ernsthafft rette, nicht zweifflend seye zu meinen gunsten, welches auch also wahr, dann hierauff resolviered worden, allsobald etliche ihrer Glieder zu denn benachtbahrten Touscarouscodörffern zu senden und bey ihnen der Resultat kam herauss dass ich solte bey Leben bleiben, der Arme General Feldmesser Lausanne [Lawson] aber exequiert werden: Zwüschen Leben und Tod bracht die Nacht durch allezeit gebunden, am gleichen Ohrt im continuierlichen Gebett und Seüffzen zu, examinierte indessen auch meinen armen Negers und Sprach ihm zu, So gut ich könte, welcher mir mehr Satisfaction gab als Verhoffete, H: General Feldmesser aber als ein Mann von Verstand aber nicht von Conduitte liess ich sein Devotion thun, dess Morgends ohngefehrt um 3 oder 4 Uhr kammen die Precatierten von Ihrer Commission zuruck mit Bescheyd von Ihrer Negotion aber sehr geheim, Einer von Ihnen kame Einsmahls mich loszumachen, von meinen Banden, nicht wüssend was das zu bedeüten, Ergab mich gedultig in den Willen dess H. dess allerhöchsten, stunde auf und folgete: Ach wie Bestürtzt wann etlich Schritt vom alten Ohrt, der Indianer mir ins Ohr auff eine gebrochene Englisch sagte, ich solte mich nicht förchten, mann wurde mich nicht Töden, wohl aber den General Lauson, welches mir sehr zu Herzen gieng, ungefehr 20. Schritt von dem platz wo ich gebunden wahr, brachte mich der Indianer gegen dem Cabinet oder Hütten und gab mir Speiss zu essen, ich aber hatte kein apetit, Es kammen alsbald ein grosser Hauffen Indianisch Gesindt um mich herr, welche ins gesambt grosse freüdt erzeigten meiner Erlössung, eben derselbe Mann brachte mich wieder auff denn Platz, aber ein wenig weiter hervor, wo der ganze Raht sich gelegret mir auff Ihre Manier gratulierend, Lächlend, Indess ward mir verbotten Mons. Lauson das minste zu sagen, ja auch kein Wort mit ihme zu reden, mein Neger liessen sie auch Looss, sahe ihne aber nimmermehr, der arme Lauson im alten platz bleibend, könte liechtlich Errahten, dass es auss und kein Gnad für ihne, nahme abscheid von mir mich ersuchend in dieser gefahr zu sehen, und nicht dörffen mit ihme reden noch ihme den minsten Trost gebend, bedeütete mein Mittleiden mit etwelchen Zeichen so ich ihm gab.

Eine kleine Zeit hernacher nahme mich der so im Raht für mich gerett, und fürte mich in sein Gabinet, wo ich mich still halten solte, biss auff weitere Ordres,: Indessen ward der Unglückhafftige Lauson exequiert, was Todes weiss ich nicht Eigendtlich, wohl hatte ich hiervor von etlichen Wilden gehört dass ihme gedreüt worden Es müsse ihme die Gurgel mit dem rasier Messer so in seinem Sack gefunden worden, abgehauwen werden, welches auch der kleine Neger so beim Leben bliebe, bezeüget, etliche aber sagten er wäre gehänckt worden. andre er wahre verbrönt, die wilden hielten es fast geheim, wie er getödet worden. Gott erbarme sich seiner Seelen.

Den andren Tag nach dess Feldmesser Lausons Execution kammen zu mir der fürnemsten des Dorffs mich berichtend dass sie gesinnt Nord Carolinam zu bekriegen. Insbesonders aber wollen sie hinder die von PamTego Neuss trent rivier und CoreSund, so dass sie auss guten ursachen mich nicht könten gehen lassen, biss sie mit dieser Expedition fertig währen, was wollt ich thun: Musste gedult tragen, da alle meine gründ da nichts hulffen, Ein hartes dass ich so bösse Zeitung anhören müsste, und doch nicht helffen könte, noch diese arme Leüth das minste wüssen lassen, mir zwar Versprachen sie, Es solte Caduca/: welche der alte Nahmen des Stettlin Neüw Bern :/ Kein Schaden geschächen, die von der Coloney aber solten alle hinunter in das Settlin sonst wolten sie nicht gut sprechen für den Schaaden, diss wahren gute wort, wie wollt ich es aber denn armen Leüthen zu wissen thun, weillen kein wilder die Avisen bringen wolte, müsste es also dem allerhöchsten überlassen. Bey 500 Streitbahren und wohlbewehrten Mannschafft so wahren, Ein zusammengerottetes Volck, theils Tuscaruscos doch wahren die Haubtflecken oder Dörffer dieser Nation nicht mitbegriffen, die andren Marmusiken Bay, Rivier Watoc, Pamtego Neuws und Cor Indiens fiengen diss mörden und blündern an auf einmahl zugleich abgetheilt in kleine Plutons thäten diese Barbaren die armen Leüth zu Pamtego Neus und Trent blündern und Ermorden, in wenig Tagen hernach kamen diese Mörder mit ihrer Beüdte beladen, ach was Traurige Spectacul solches und die armen Weib und Kinder gefangen zu sehen, das Hertz möchte mir zerbrechen, könte zwar mit ihnen reden aber mit grosser Behutsamkeit: die Ersten kamen von Pamtego, die andren von Neuws und Trent, grad eben der Indianer bey welchem Logierte brachte mit sich ein jung knab. Einen von meinen Lehenleüthen, Viel Kleider und Haussraht dass ich kante, ach wie gieng mir ein stich durchs Hertz in forchten meine Coloney wahre alle dahin: sonderlich wann da ich allein den jungen fragte, was da geschächen und Vorgangen were, Er mir bitter weinend Erzellte, dass von eben den wilden wie obvermelt sein Vatter, Mutter, Bruder, ja ganz famille ermördt, bey diesem allem dorffte nur nicht dergleichen thun, als thäte ich solches empfinden: bey 6 Wochen müsste ich da gefangen bleiben in diesem beschwerlichen ohrt Catechna, Eh ich nacher Hauss, in was gefahr, schrecken, Schimpf und Vertruss ist liecht zu gedencken, da Truge sich in der Zeit allerley zu, Einmahls war ich in grosser preplexitet, die mannschaft wahre alle in dieser Mörder erpedition, die Weiber alle zimlich weit vom Dorff kirsen zu gewinnen, andre Patatos eine gattung gelbe sehr gute und angenemme Wurzel zu graben, so dass ich mich ganz allein selbigen Tags im Dorff befund, da Stritte es mit mir, ob mich darvon und nach Hauss machen wolte, studierte lang hierüber, in diesem Zweiffel funde das beste meinen Gott um beystand anzuruffen, dass er mir in Sinn geben wolte, was in solchem gefährlichen umstande zu thun, nach verrichtetem Gebett examminiert und betrachtete denn Handel pro et contra befunde Endlich dass besser zu bleiben, mich tröstend, dass der mich auss erster gefahr Errettet mir noch ferner helffen wurde. Dann wann mich ein Einicher Indianer angetroffen, oder gesehen, ich dess Todes, dann da kein Gnad ward zu hoffen, zu demme wehren sie verbitteret worden, dass sie Ehe ich zu hauss indemme die wäg nicht wohl wüsste in das Stettlin kommen, wahre alles geblündert, verbrönt und ermordt, die erfahrung hat es hernach Erwiesen dass solches das bessere erwehlte.

Nachdem nun diese Heiden das meiste von ihrer Barbarischen expedition gethan, kamen sie nacher Hauss und Ruheten auss für eine Zeit lang, da nahm ich die gelegenheit in acht, und wann ich die Vornemmste dess Dorffs in guter Humor antraff, fragte ich ob nun nicht bald nacher Hauss könnte: Sie zu einer günstigen Disposition zu bringen proponierte ein particular frieden mit ihnen zu machen, versprach zugleich einem jeden grandes der 10 Dörffer ein Tuchener Rock, etwas noch für mein Rantzion, demm König 2. Buteillen Pulver, 500. Schröt, 2 Bouteille Raume, Prantenwein von Zucker gemacht: Die Indianer aber wolten vielmehr haben, als Flinten, mehr Pulver und bley oder Schrot, ich aber representierte, dass diese Contrebande das ist wahre welche Sie bey Hängken verboten, sie zu verkauffen zu geben, dass ich müsse auffs minst Neutral seyn, und noch dem Eint, noch dem andren beystehen, sonsten gebe es nichts auss unsrem frieden, diese und mehrere gründ nahmen sie an, so Verglichen wir uns wie Eüer Herrlichkeit Es in beyligendem Tractat und articklen sehen wird.

Aber obwohlen wir uns verglichen so wolten diese Misstreüwige Gesellen, mich doch nicht lassen gehen, ohne Sichere und gewüssere precaution wolten haben, dass ich mein kleinern Neger hinunter sandte nacher Neu Bern, dass alles was ich versprochen nacher Catechna hinauff geführt werden solte, doch wolte kein wilder mitgehen, obwohlen ein passport oder sicher geleit mitgeben wolte, representierte dass von meinen Leüthen so noch übrig als erschrocken über die räubereyen und Mort Thaten, wohl keiner hinauff fahren und mein Neger allein nicht könte gegen dem Strohm, mit einem geladenen Schiff fahren, da wir uns nicht vergleichen könten, remettierte ich dem Indianer wo ich Logierte, welcher eine Vernünfftige Decision unsers Streits heraussgabe, so dass wir beyderseits zufrieden.

Grad eben an dem Weg dass ich denn Neger nacher Neu Bern senden wolte mit einem Brieff um denn so zu meinem Hauss sorg hatte, dass halben wex die obermelten Gütter senden solte beyderseits Sicherheit, kamen frömde Indianer zu Pferdt von H. Goub. von Virginien mit Einem Brieff wie beyliegende Copey ausweisst: Niemand könnte den Brieff lesen als ich, der Brief wahre sehr scharpf, wusste nicht was für Continentz haltend, Endlichen dachte, die Botten wüssten dessen Inhalt schon; so lass ich den Brieff dennen Vornembsten dess Dorffs vor, da ich ausgelessen, observierte etwas In Ihren Gesichteren. so nicht beliebig, dass sie mich angesicht des Brieffs alsobald sicher solten nacher Hauss liefferen: Wo aber nicht und mir das minste Leyd von Ihnen wiederführe. Wolte und wahre er H. Goub. parat mich zu rächen, ja alles exterminieren noch weib und Kinder verschonen, hierauff hielten sie Raht, und ward geschlossen, mich zu dem Dorff lassen gehen, bey denn Tuscaruscos wo der Indianische von Virginien ward, welcher grad zuvor da Mons. Lauson exequiert in selbigem Dorff sich auffhielte, und im Zuruckreissen H. Goub. unsere Traurige avanture erzellet, worauff alsbald dieser generose H. Goub. Spotswood diesen virginischen Kauffmann, der mit denn Indianern handlete und ihre Sprach gar wohl verstund und redete, mit obigem Brieff zu den Touscorouscos gesandt, Er aber H. Goub: Selbsten im Ersten Indianischen Dorff Natoway genannt indessen mit einer starcken escorten wartend, um ordres an die benachtbahrten Militen sich parath zu halten, grad zu agieren wann nicht beliebige antwort ankomme: So mieche mich des Morgends früh zu Pferdt, Mit denn Indianern Bott auf denn weg und kamen Vier von denn Vornemmsten Indianern von Catechna mit mir gegen dem Haubtdorff genannt Tasky zu, welche so g'schwind Marschierten als ich zu Pferdt, dess abends zwischen Tag und Nacht langten wir an, wo sich der virginische Kauffmann auch auffhielt diss Dorff ward befestigt mit Balisaden, und wahren die Heüsser oder Cabinet so artig von Rinden allein gemacht, in einem Circkel oder Ring herumb gesetzt: so dass ein grosses Feür, der Raht so von denn Vornemmsten der Touscorusco Nation bestund, auff dem Boden herum sitzend, da ward platz gelassen, für obgemelten Kauffmann, für mich und die Indianer so mit mir kammen, nachdem ich diese H. Salutiert, sassen wir auch hernieder, bey diesem allem wahre ich schon in einer heimlichen Freüd, der Hoffnung nacher Natoway zu gehen, wo H. Goub. von virginien auf mich wartete, und so dermahlen eins von dieser wilden gefangenschafft erlösset zu werden, gienge mir aber leyder nicht an, der Redner der Versamlung fing eine lange Red an, befragte die 4. Indianer, so mit mir kammen, was die ursach meiner Detention und Verbrechen nach Verhör, wahre unschuldig erfunden worden, und erkennt: dass H. Goub. von Virginien nach begehren solte entsprochen werden, bedeütend was für gefahr auss dem Abschlag entstehen würde.—Der Virginische Kauffmann als Dollmetsch redte was er könte zu meinen Gunsten, die 4. Indianer von Catechna wolten sich aber darzu nicht verstehen, auss forcht es wurde alsdann keine rantion erfolgen, obwohlen der virginische Kauffmann siecherheit dafür versprache, pretextierend, sie dörfften nichts ohne Consens der übrigen Vorgesetzten und dess Königs thun, doch versprechend mich loss zulassen. sobald der König und Raht würden bey einander sein, wolten aber mein Neger zur sicherheit behalten, biss die rantion aussgericht, den Tag hernach gentzlich meiner Hoffnung frustriert, nahme von dem Virginischen Kauffmann mein Abscheid, welcher dieser wilden unfründl. Manier sehr Vertross, so Marchierte ich ganz traurig wiederumb zurück, da wir 3. oder 4. Meilen nach bey Hencock oder Catechna kamen, hörten wir ein gross geschrey und rufends dort herumb, und kamen hier etliche dorten andre wilden auss dem Büschen hervor, welches mir nicht ohne ursach etwas Forcht einjagte, sondren wann sie gleichsam ganz auss dem Atem und erschröcklich . . . [me disant, MS. C] die Englischen und Pfälzer wahren nächer bey. Insbesonders aber deüten sie mit einem sauren gesicht die Pfelzer mit retirierenden ja ja verspotten, zu bedeüten darmit, dass eben auch meiner Leüth als find sich da mercken liessen, und miechen mich ein abweg zu nemmen durch einen wüsten graben, da ich von Ferne Ein feür sache, da fieng es mir an bang zu werden, in Forcht sie wolten mich da ingeheim Ermorden: Studierte wie Sie zu bereden, dass die Pfeltzer gar nicht mit denn Englischen Conjungiert, bedeütet dass diese Wort "ja ja" nicht Teütsch wären, sondern ein Rauhes Englisch wort "ay ay" welches sonst im gut Englisch yess Heisst das ist ja, behielte sie also in dieser Meinung so gut ich könte: wann wir an das ohrt wo das feür ware kammen, sache mit bestürtzung alle das gesindt, von Catechna wo ich gefangen ward sambt Ihrem Haussgerälıt und wenig Lebens Mittel in einem schönen Kornfeld, wo ein Ind. Cub. mitt in einem Swamp, das ist einem Wilden Ohrt einem Stuck Waldes im Morast und Wasser einerseitzs, anderseits neben dieffem Fluss: Alle die Alten ohnvermöglichen Männer, Weiber, Kinder, und Junges underjähriges Gesindt vast Erschrocken mich beliebt zu machen, und sie meinerseits in Sicherheit zu halten, ermanglete nicht Ihnen allen Trost zu geben, Sie versicherend so lang ich bey Ihnen, nichts Bösses widerfahren wurde, representierte auch denn Kriegs Leüthen, so kammen das gesindt auffzumuntren Sie mich Vornehmer bey, und mit Ihrer Mantschafft gehen lassen, wolte Trachten die Engellander zum frieden zu bereden, wolten mich aber nicht gehen lassen.

Denn Tag hernach alle die umliegenden bewehrten Indianer in der Zahl 300 Tapfere Kerl kammen zusammen, stossten sich zu denn übrigen und suchten die Christen auff, welche nicht mehr als 60 . an der Zahl, und nur 4 Meillen, das ist 3 Viertelstund ohngefehrt, von unsrem Dorff wahren, die Pfelzer aber so nicht wussten wie mit denn wilden Indiannern zu kriegen, als nur bloss sich zu zeigen wahren meist alle Verwundt, und ein Engellander zu Tod geschossen, da sie von den Wilden übermeistret, kehrten den rücken, und Eylten nach Hauss, welchen die Wilden nachjagten, thaten aber nicht grossen schaden als dass sie etwas Erbeüteten, so kammen die Wilden zwey Tag hernach zuruck nacher Catechna mit Pferdten, Lebens Mittlen mit Hüten, stiefflen, auch etwelchen Röcken, da ich diss alles sahe insbesonders ein sauber Barboutine mit Silbernen Carniture mir zugehörig war ich ganz bestürtzt und in grossen forchten, sie hätten mein Hauss und Magazin geblündert, war aber kein Schaaden gethan, worumb von meinen Sachen das unter ist weilen sie namlich meine Leüth sich der sachen bedienten, was sie zu dieser expedition von nöthen waren,: So kammen diese wilde Kriegs Leüth oder Mörder welcher in grosser glori und Triomph heim, und giengen wir also auss dem Verborgenen ohrt, alle wiedrumb in unser altes Quartier nacher Catechna dess abends und die ganze Nacht durch miechen sie grosse freüdenfeür, insbesonders eins in dem grossen Richtplatz, wobey sie 3. Wolffs Heüt steckten, so viel protectores oder Götter representierend darbey die Weiber von Ihren Zierden opferten, als Halssbänder von Vampon welches wie eine gatung Corallen von Calisierten Muschlen, weiss, braun und Goldfarb in der Mitte dess Rings wahre ein Conjurer als ihr Priester, welcher allerley seltsammer posturen und bedeürungen miech, und die übrige danzten in Einem Ring umb das feür und obvermelte Hüet.

Nachdemme dieses Indianische Vest Vorbey fieng ich an ungedultig zu werden fragte Etliche der grossen, ob sie mich jetztunder nicht wolten nacher Hauss gehen lassen, indemme Sie victorioss villicht alle meine Leüth zu Tod geschlagen haben, einer auss den Truppen antwortend Lachend, Sie wolten sehen was zu thun, denn König und seine Räht beruffend.

Zwei Tag hernach Morgends früh brachten sie mir ein Pferdt, zwey der vornemsten begleiteten mich bewehrt aber zu fuess, biss ungefehrt 2. Stund weit vom Dorff Catechna da gaben sie mir ein stück Indianisch Brodt und Verliessen mich, da ich einen langen weg vor mir sahe, Ersuchte ich Sie mir das Pferdt zu lassen, wolte es ohne fehlen zuruck senden oder solten mit mir etwas nächer zu meinem Quartier gehen, könte aber nichts erhalten blieben an dem ohrt wo ich sie verlassen, und miechen ein gross feür mir bedeütend, es seyen in dem Wald frömde Indianer solte Eilen und wacker gehen, ja für zwey stund Lauffen so vast immer möglich, welches ich auch gethan, bis die Nacht mich übernahm, und ich zu einem Erschröcklichen wüssten Graben kam, über welchen wegen dieffen Wasser im Finstren nicht könte, sondern da ich übernachtet biss Morgends. Das übrige von dieser Reiss habe schon meinem II. Goub. Erzelt ist Zeit abzubinden.

Etwelche Anotationes. Dess was ich in meiner Touscarusco und wehrender Gefangenschafft bey den Indianneren observiert nur wie es mir in Sinn Kommen ohne sonderbahre Ordnung was unterzeichnet mit Littris, a, b, c, zu finden.

Etlich Jalouse und indiscreten Einwohner Caroliné haben fürgeben, als wär ich oder meine Leüth der Coloney die Ursach dieses Indianischen Kriegs und Mördens: Zu meiner justification könte wohl viel Gründ dargeben, will mich aber desshalben nicht vast bemühen, weilen meine Unschuld genugsam bekant, doch kan ich mich nicht Enthalten diese Gründ hier anzubringen. 1. So ich die Ursach worumb haben die Wilden mich nicht so wohl als dem General Feldmesser Lauson hingerichtet und getödet; 2. hab ich das Land oder Stuck Erdtrich so die Wilden Chatouca nennen dreyfach bezahlt, den Lord proprietary's, dem General feldmesser und dem Indianischen König Taylor. Dieser Indianer König wohnte mit seinem Volck an solchem ohrt, wo jetzund mein Hauss und das Stättlin Neu Bern angefangen worden, mit welchen Indiannern ich und die Meinigen fründlich und wohl gelebt, das übrige Land hatte auch bezahlt so Etwas gefordert worden, 3. wahre kein

Klag, noch wieder mich noch die Coloney, Zeugen dessen die grosse Versamlung der Tuscaruscos wo diss in question kommen, in beyseyn des virginischen Kauffmanns, und da sind die Autores dieser Troublen mit Nahmen angegeben worden; :Will sie aber auss Christlicher Liebe nicht namsen: beyde H. Goub: von Virginien und Nord Carolina sind in diesem berichtet.

Habe viel Notablé Versamlungen gesehen, auch etlichen selbsten beygewohnt, habe mich aber verwundert, über dieser Heyden graviter und ordnung, Ihr Stillschweigen, gehorsam, Respect gegen denn Vorgesetzten, keine Einred als in einem kehr und das nur einmahl mit grosser Decenz, keiner passion könte mann nicht im geringsten Vermercken, und wahre Zeit genug geben, zu replicieren, Summa alles in solcher anständigkeit zur überzeugung und beschämung vieler Christlicher Oberkeiten. Der Process wahre auch so ordentlich geführt, als immer bey Christlichen Richtern seyn könte, und habe ich solche schöne Vernünfftige Gründ gehört, von diesen Wilden und Heyden die mich bestürtz.

Da wahren Sieben Dörffer der Tuscoruscos Nation welche sich vast innocentieren wollen, alls hatten sie mit diesem Indianischen Krieg und Mal Sacre ganz nichts zu thun, und mit übrigen Indianern, desswegen kein Verständnuss, diese sind etwas weiter abgelegen, mehr hinter Virginien, und auch in ihrer Devotion wegen der Handlung, diss noch haltend, diese 7. Townes oder Dörffer, die übrigen in dieser Gegend in gewüssen Schrancken und Soumission dieser Tom Ploact ist ein König oder führer, eines considerable Hauffens wilder Indianer hat sehr guten Verstand, ist gantz wohl der Englischen Nation geneigt und hat nicht wenig zu einem guten Frieden Contribuiert: ja da es um mich zu thun, viel zu meinem besten gerett.

Ich kann hier auch nicht vergessen, der generositet und grossen Mittleydens Einer guten Wittfrauwen, welche mir grad anfangs meiner ankunfft und Inwehrender meiner Gefangenschafft allezeit Speiss gebracht, so dass mir ann Nahrung nicht gefehlt, was aber das bedencklichste, sobald sie gesehen, dass da ich gebunden wurd, Junge Gesellen mich geblündert under andren sachen meine Silberen ringen, von denn Schuhen genommen, und selbe nur mit einem kleinen Seil gebunden, hat sie von ihren Sauberen Möschenen Schnallen dardurch ihr Harband an der Stirnen gezogen, genommen, und Sie an meine Schuh gethan, hatte keine Ruhi biss sie Entdeckt welcher Indianer meine Schnallen genommen, selbige von Ihme erhandlet, voller Freüden zurück geloffen kommen, und die Silberen Schnallen an meine Schuh gethan: Diss wahre ja von einer Wilden eine grosse gütigkeit, zur überzeügung manches Christen, muss hier zur beschämung der Christen sagen, dass insgesambt die Indianer viel freygebiger, habe unter ihnen viel gute sachen observiert, als dass sie nicht Schweren, ihr wort exact halten was sie versprochen, Im Spielen nicht bald hadren, nicht so vast gizen, nicht so viel HochMuht unter Jungen Leüthen, auch nichts ungebührliches observiert, obwohlen sie vast nackend, so halten sie sich Decenter als viele Christen. Das bösse unter ihnen ist dass ihr Zorn furios.

Hier ist zu observieren dass wann diese Barbarische Mörder nacher Hauss kommen, So wüssen Ihre Weiber zuvor durch botten, Rüsten sie Sich zu einem Fest in der Nacht, jede Hausshaltung rüstet die besten Speisse nach Ihrer art, bringen dieselben auf ihren grossen Richtplatz, wo sie auch Ihre Täntz halten, Jede Hausshaltung miech eine kleine Brüge, vor deren im Im Feur so ringsumbher und in der mitten dess grossen Platzes ein grosses feür wobey der Priester Stund, die weiber nahmen zu sich alle Ihre Zierden, so bestunden in gehäncken dieser Wampon und gleserne Corallen, da nahmmen sie weisse Stöckli oder dickkächte Ruhten-Steckli, sie grad als ein opfer inder mitten im Ring alwo auch drey Hirschen Heüt auffgesteckt als eine gattung abgötter die Sie verEhrten, die Königin oder die erste nach ihr in abwesenheit fienge zuerst an, die andren alle nach Einander allezeit singend, wann der Ring voll ward, dann danzten sie alle umb dieses Feür, und die drey heüt biss sie Müd wurden, danne gieng eine jede zu Ihrem Stand oder Brüge mit ihren Männern Mahlzeit zu halten, :wann sie fertig, nahmen sie weisse Ruhten, Schwarz geringlet und miechen gleiche Ceremoney wie zuvor, nahmen die Ersten stäcklein oder Ruhten, garniert mit Corallen wider, und steckten die Geringleten an Ihren Platz so kehrten sie widrum zu Ihren Ständen, Indessen that der Priester sein officium, der Finde betreüwend Ihn allerley der apscheülichsten posturen, hingegen seine Kriegs Leüth erhebend, und zur dapferkeit ferners anstrengend, hernach gienge das junge gesind nahmen grüne Est von Laub. ferbten Ihre Gesichter mit Schwarz, weiss und Roht, liessen ihre Haar hinunter mit Gensen-Flaum so sahen sie abscheüwlich mehr Teüfflen als Menschen gleich und Luffen dem grossen platz zu, mit einem abscheüwlichen geschrey und Tanzten wie obgemelt, hier ist zu observieren von obermelte wilden Kriegs Leüth oder vielmehr Mörder einkamen mit ihrer beüt und den gefangenen, der Priester und die Vornemsten Frauwen nahmen die armen gefangenen, zwungen sie zum Tantz und so sie nicht danzen wollten, nahmen sie sie unter denn armen und schleppten sie auff und Nider zum Zeichen dass diese Christen nur nach ihrer Music Tantzten, und in ihrer Subjection waren.

Können also diese Heidnische Ceremoneyen für ihren Contum Divisio: oder abgöttischen andachten passieren,: des morgends habe biss weilen observiert dass sie ein Seriosco kurzes Liedlin gesungen, anstatt dess gebetts, und wann sie in grosser gefahr dessgleichen.

Zu Neü Bern wo mich gesetzt und das Stettlin angefangen. hab ich unter denn Indianern die zuvor da wohnten eine andre Manier die da etwas nächer dem Christlichen Gottesdienst observiert: da hatten sie ein gattung altar gar artig und Könstlich mit stecken geflochen und gewelten Dome an einem ohrt wahre eine öffnung als gerüst zu einer kleiner Thüren dardurch mann das opfer einlegt. in der Mitten dieser Heydnischen Cappellen wahren kleine Hölen, worin sie dann hiengen Corallen und auch Wanpom opferten gegen Sonnenauffgang wahre gesetzt ein hölzernes Bild, zimlich wohl geschnitzt. Der Figur wie neben Verzeichnet, geferbt halb roht, halb weiss, vor demme gesteckt ein langer staab, obentruff ein kleine Cron der Stab geringlet Roht und weiss gegen Mitternacht oder viel Ehr gegen abend wahre opositė Ein ander Bild mit einem hässlichen gesicht, Schwarz und Roht geferbt, so representiert Sie durch das erstere Bild, eine gute Divinitet und durch das ander der Teüffel welchen sie besser kennen.

Hier kan ich nicht für über zu erzellen, was sich mit einem meiner Lechen-Leüth zugetragen, Ein starcker lustiger Mann, da er da vorbeygieng diese zwey Bilder betrachtend, mieche alsbald ein Unterscheid dessen, so denn guten Gott und dess andren so den bössen representierte, weilen dieser mit schwarz und Roth gefärbt, welches just die farb dess Cantons von Bern ward er so Erbitterd hierüber dass er mit seiner ax oder Biel diss wüste Bild Entzwey schnitte, da er wider nacher Hauss kam Rühmete er es als eine wackere That, als hätte er den Teüffel in einem Streich entzwey gespalten, welches zwar anfangs mir ein kleines Lachen provociert, aber die Sach dennoch nicht abrobiert. Bald hernach kam der Indianer König gantz vertrüssig dieses für ein Sacrilegium und grossen affront nennend klagte sich bitter, denne zwar für ein Schertz bedeütete, nur ihr bösser abgott were beschädiget und dahin, Sey kein grosser schaden, wans aber der gute währe, so wolte ich es fast abstraffen: Werde aber hierführe solche anstalten thun, dass dergleichen Vertriesslichkeiten Ihnen nicht mehr widerfahren solten; Obwohlen der Indianer König sahe, dass ich diss wesen in Vexats zog, so gefiel ihme solches nicht sondren ward ganz Serioss: So bezeüget ich ihm auch im Ernst dass mir dieses Mansaction ganz nicht gefiel, so er mir den Mann zeigen könte, der solches gethan sollte er darfür abgestrafft werden: Mieche denn König und die bey Ihm wahren Raum zu Trincken, welches eine gattung Prantenwein so von Distilirten Zucker Truesse gemacht, der Enden ganz gemein und gesundt, so man es mit Moderation trinckt, wahre zu dem gantz fründlich mit ihm, so dass sie ganz wohl zufrieden, und Vergnügt von mir giengen.

Bey ihren Begrebnussen miechen sie mehr Ceremoney als an Hochzeiten oder Heürathen, und hab ich in der Begrebnuss einer verstorbenen Wittfrauen etwas sonderbahres observiert, will mich dennoch hier nicht fast extendieren weilen Vielerley gedruckte relationes der Indianer Lebwesen und Manieren betreffend, nur im fürbeygange was ich am wunderbahrsten gefunden, und vornemlich wann ein Indianer Kranck oder sterbend, so kommen Ihre Priester ins Hauss machen allerley viguren und posturen thun allerley beschwerungen, und geben denn Krancken auch allerley artzneyen, so dass nicht hilfft blassen sie dem Kranckneu durch den Mund ihren aten Ein, mit einem erschröcklichen Rurren, weiss nicht mit was Segnerey, kombt der Kranckne auff, ist ein unbeschreibliches Frolocken, stirbt er aber ist ein Trauriges Heülen, ja sogar, dass es einem grausse: Sie machen Ihre Gräber mit grossem Fleiss, sindt gewelbt mit rinden, wann der Verstorbene Ins Grab getragen wird, da standen zwey Priester die Lamentieren, und machen auff ihr ahrt ein Leicht bredig, ist da etwas zu erholen, extollieren sie dess verstorbenen Thaten, oder dessen Verwanten trösten Sie, und machen weiss nicht was für abenteürliche beschwerungen: Summa da ist viel Thuns und schwetzens, so dass sich die Conjurer oder Priester ganz in Schweiss gesehen, aber diss geschicht ein gut presentz zu erwarten, wann alles vorbey, so geben die Erben etliche geschenck vom Wampon oder auss Calcimierten Muschlen gemacht, sind kleine Dinger als Corallen wie obgemelt weiss, purpur und gelb diesen Priestren und diss ist ihr Lohn. N. B. Es pflegen die Indianer auss diesen Dingren Hossen und Halssband zu machen, und wüssens so artig und ingenios durch Einander zu Stricken und zu flechten, mit allerley viguren dass sich zu verwundern, wann alles vorbey und das grab gedeckt, so hat sich etwas zu meiner Zeit wunderbahres zugetragen. welches selbsten gesehen, Ein artiges feür oder Flammen ohngefehrt zweyer kerzen Liechter gross, fuhr grad auff von dem grab in die Höche, als wohl der Lengste und Höchste baum, fuhr wider in grader Lingien über der Verstorbenen Cabinet und so weiter über eine grosse Heyd wohl eine halbstund lang biss es in Einem Wald Verschwunden. Da ich solches sahe und meine Verwunderung bezeugte, lachten die Wilden mich auss, als wolt ich wüssen, dass dieses bey Ihnen nichts Neüwes, wolten mir doch nichts sagen, was es wäre, habe hernach etliche gefragt. Niemand könte mir positivé sagen, aber sie hielten viel darauff, und wird für ein sonderbahr gut Zeichen für den Todnen geachtet. Ein artivitial feür könte es nicht seyn wegen der Lenge und weiter Distantz, visicalisch könte es wohl zugehen als Schwefflichte Dünst auss der Erden, aber diese lange regularitet übernimbt mich.—

Da ich einsmahls in H. Goub. Hidens Hauss mich befand. presenz dess Rahts und Vielen andren, da wir wegen dess friedens mit den Indiannern beschäfftiget nahm ich in acht eines alten Indianners, der mir als ein Conjurer oder Priester vorkam, so fragt ich Ihne was doch das währe was ich hier oben erzelt, gesehen, unter 25 Indiannern die da wahren könte nur dieser alte neben noch einem andren bericht hierüber geben, welches mir aber als ein Fabel vorkam;—

So sagten diese dass solches nur grosse Männer, alte erfahrne Priester, sehen und thun könten, da ich sie weiters befragte was das ware, gaben sie mir zur antwort, dass diss feürlein die Seel des Verstorbenen Seye, so in Ein andre gute Creatur fahre, so die persohn wohl gelebt, und sich wohl Verhalten, habe sie sich nicht wohl verhalten so fahr sie in einen wüsten rauchen und in ein Hässliche unglückhafftige Creatur, diese Priester aber könen auf folgende Manier zu ihrer kunst, namlich es trage sich zu, dass ein Subtiles Feürlein oder Flämlin von Einem Baum in denn andren schiesse, aber gar selten, und wann ein Indianer solches sieht, muss er vast möglich lauffen solches zu fassen, und so er es fasset gehets grad auss und wird zu einer kleinen Baum Spinnen, welche so zableten und geschwind in und umb die Hand erwimsselt, dass sie schier mit der andren Hand zu ergreiffen, so ers aber Endlich Ergreifft wascht diese Spinn und wird wie ein Mauss, also dass der wo solches Wunderding ergreifft hernacher der beste Conjurer oder Schwarzkünstler wird, und kann allerley Wunder Thun. N. B.: Diese Künstler oder Beschwerer wie sie auff Englisch genent werden, haben auch die facultet hervor zubringen und ihne wider abzufergen;—

Es hat mir ein Schiff Patron bedeüret dass er Einmahls etliche Indianer in seinem Nachen oder kleinen Schiffli geführt, und da in dem Caroliner Sund eine solche Stille ward, dass sie Nirgends hinkommen könnten, einer unter den Indianern, dass er wohl Einen guten Wind verschaffen könte und wolte: der SteuerMann so nicht viel proviant bey sich hatte, und gern weiter rucken möchte, liess es an denn Indianer, bald hernach kam ein so Starcker wind, dass es ihnen graussete, und hätte er gerne minder Windes gehabt, allein es müsste dadurch, So kammen Sie in Einer gar kurzen Zeit an das Verlangte ohrt: Ermelter Schiff-Patron aber bezeügte mir, dass er desshalben in Eine so grosse forcht gerahten dass er sein Lebtag sich solcher Hülff nicht mehr bedienen wolte. Diss nun obiges mag glauben wer da will ist gewüss dass der Sathan viel Illusionen mit denn armen Creaturen thut, doch wann solches ungläublich wäre es nicht in einer so ansehenlichen Gesellschafft repassieret, und geredt worden: hätte mich auch nicht erkühnt solche fabulose sachen hier beyzubringen.

Habe vielerley sachen mehr gehört und unter denn Indiannern observiert, weillen aber schon so viel Autors hierüber geschrieben, dass meine remarque nur für repeditionen passierten, sonsten betreffend die Ruhe und Barbarische Manier der Heyden, Indianner und von hiervor Ermelten so sage, dass ja selbe Füriоss wann sie erzörnt, aber so mann sie im frieden lasst, ihnen nicht Leidts thut, und Sie nach Ihrer Arth fründlich und gut tätig tractiert werden sellten die Christen beleydigen, mann habe ihnen dann die ursach darzu gegeben,: werden aber bissweillen hart und übel von denn Christen Tractiert,: habe mit manchem Indianer wegen Ihrer Grausamkeit geredt, es hat mir aber ein Verständiger König geantwortet und Ein artig exempel dargeben von einer Schlangen, so man sie in Ihrem Ring unbedastet rühwig und unverletzt lasse, werde sie keiner Creatur Leids thun, aber wann mann sie Distourbiere und verletze so stech sie, und seyen die Christen viel erger und bösser gewessen, sonderlich die Spannier seyen mit ihren VorEltren gar zu hart ja vast unmenschlich umbgangen: betreffend ihr der Indianer Morden und hinterrucks Fechten, müssten sie wohl sich Ihres Vortheils bedienen, sonsten könten sie nicht bestehen, die Seyen nicht starck an der Zahl, und seyen nicht so versehen, mit Stucken, Flinten, Schwertern und allerley Verrahterischen Inventionen, von Pulver gemacht, die Menschen zu Destrouieren, Ittem haben sie noch Pulver noch Bley, oder sie bekommend solches von den Christen Selbsten, So dass unsere weg viel betrieglicher Välscher und Schädlicher seyen, sonst wir nicht mit ihnen so grausam umgehen wurden, sonder unter uns selbsten die gröste Tiranney und grausamkeit verüben,: Diss hab ich wohl selbsten erfahren.

TRACTAT.

So mit den Indianern gemacht, Wider auss dem Englischen Translatiert.

Zu wissen seye hiermit mäniglichem, dass im October 1711 zwischen Baron und Landgraffen von Graffenried Goubernatoren der Teütschen Coloney in Nord Carolina und denen Indianeren der Touscorousco Nation Sambt Ihren Nachtbahren von Cor Wilkilsons point König Taylor, denen vom Pamtego und anderen der gegen Verglichen worden wie folget:

1. Dass beyde Partheyen das vergangene Vergessen und fürrohin hin güte fründ sein sollend.

2. Soll der unterschrieben goubernator der Teütschen Coloney in Zeiten die Engellender und Indianer in streit, findschafft und Krieg gegen Einander seyn werden gantz Neutral seyn, Item soll er sich in seinem Hauss und Stättlin stillhalten, noch Engelländer, noch Indianer da passieren lassen noch keinem Indianer was Leids thun, dessgleichen sie auch Versprächen gegen den unsrigen Im fahl sich Etwas Streit Er Eügnete unter vermelten Partheyen, sollen sie sich selbsten nicht Recht schaffen, sondern an gebühreten Ohrt Erklagen, namlich bey beyderseits Vorgesetzten.

3. Verspricht Ermelter H. Goub. der Teütschen Coloney bey seinen Grenzen zu verbleiben, und kein Erdtrich mehr gegen ihnen hinauf zu nemmen, den König und Nation unbegrüsst.

4. Verspricht er ferners für vier Tag stillstand der Waaffen zu procurieren damit innert dieser Zeit Tüchtige persohnen Erwehlt undVerornet wurden heilsamme Friedensprojecten zu proponieren, die da wo möglich bey denn Streiteten Parteyen müssten angenemm und gefällig seyn.

5. Soll denn Indiannerеn erlaubt seyn zu Tagen, wo beliebig ohne einiche Hindernuss, Es wäre dann sach, dass Sie so nach zu unser Plantationen kämmen, dass das fich Verjagt oder beschädiget wurde oder gefahr dess feürs zu beförchten.

6. Soll Ihnen denn Indiannern die Waahren und provision in einem raisonnable und wohlfeillen preyss zukommen lassen,: weiters ist Verglichen dass wo die hier unterzeichneten Marques

seyn werden, an denn Thoren unseren Häussern, dass da kein Leyd noch Schaden soll zugefügt werden.

So sollen hiermit alle die hier gemelte Conditiones und Clausullen exacte observiert werden.—

Dessen zu wahrer Urkund wir beyderseits uns unterschrieben, die angewohnte Pittschafft und Zeichen beygesetzt.

Zeichen von Neuws N. Graffenried goub: der Teütschen Coloney. Touscorousco Zeichen Touscorusco Ind: und Nachtbahren.

Herren Gubernator von Virginien Mandat.
Translatiert aus dem Englischen Original.

Alexander Spootswood Goub: Statthalter und Commandant der Colonney und Provintz Virginien als im Nahmen ihr Königlichen Mayestet von Gross Britagnnien; an die Indianer Nation so H: B. von Graffenried gefangen halten.

Nachdemme wir vernommen dass H: Baron von Graffenried Goub. und das Haubt der Teütschen Coloney in Nord-Carolina unter Eüch gefangen ist; Verlange und gebeüte Euch, im Nahmen der Königin von Gross-Brittannien deren er ein Unterthan ist, dass angesicht Ihr ihne frey und losslassen sollend, und selbigen in unser Gouvernement senden. Und hier habt ihr zu vernemmen, dass wo Ihr Ihne Tödend, oder willens Schaaden zuzufügen Im Sinn hättet, ich Sein Blut rechen werde, und noch Mann noch Weibspersohnen, noch Kindren verschonen werde. Gegeben unter meinem grossen Sigel ds. 8. Octobris 1711.

(L. S.) A. Spootswood.

Copia Underschiedlicher Brieffen auss Nord Carolina.

Neben fründlicher Begrüssung thun ich Eich berichten, dass ich mit sambt meiner Hausshaltung frisch und gesundt in Carolina angekommen, und das mit Glück, aber d. 26. Hornung ist mir mein Sohn Hanss mit grossem Verlangen nach dem H. Jesu gestorben, hingegen hat meine Tochter einen schönen Jungen Sohn, dem letzten Heumonat 1710 Gebohren, wir sind gar auf einem guten und fetten land, ich bin der Hoffnung, dass ich über Jahr über die 100 Stück Ross, Rind Vieh und Schwein haben werde. Wann man mir schon die gantze Nider Ey schänken wollte, dass ich wider ins Schweitzerland solte, und die Vorigen Diensten annehmen, so wolle ich es nicht thun wegen des gewüssens Freyheit, wann mein Sohn Uhli Es wurde wagen sich auf die Reise wurde begeben solle Er zu Gelt machen, was Er könne, und wann Er sich nicht sinth meiner abreiss VerEhelichet, so solle er ein Ehrlich redlich Mensch zur Ehe nehmen, wann sie schon Viel zeitliche Mittel hat, wann er nur die überfahrt bezahlen kan, wer herüber will, der kan sich bim H. Ritter in Bern anmelden, wann du mein Sohn, die Reyss wilt vor dich nehmen, So halte alle Zeit Gott vor Augen, und auch wann du nicht kommen wilt, dass wir Einandren dermahleins droben im Himmel mit Geistlichen augen mit freüden könen sehen,: wann du aber kommen wilt, so will ich dich berichten, wie du sollest machen, kauff ein par hundert stehlerner Tabakpfeifen sambt den Röhrlenen und für 4 Thl. arrauwer Messer, und etlich Möscherne Messer, daran kanst du Schon zu Roterdam 2. mahl die Helffte kriegen, In Engelland und Carolina noch so Viel, auff dem Meer versehe dich etwan selbsten aussert was auff dem Schiff gibet mit Speiss und Trank, dann Hunger und Durst darff man nüt zu sparren, wann Etwann mein Schwager Hanss mit dir wolte, so kann Ers thun, Ich bin in der Hoffnung wann ich gesund bleibe, 5 oder 6 Hausshaltungen mit Speyss und Tranck zu Versehen, wohl auf ein Jahr lang, heissen will ich niemand, dass er sich auf die Reyss begebe, wer nicht die Anleitung von Gott hat, der kan im Schweitzerland bleiben; wann meine Peter Leemann und Uhli Küntzi Lust auf die Reyss hätten, so können sie Es thun: unser H. LandGraff von Graffenried will Sie mit gutem Land versehen, hernach will er ihm 4. jahr lang Lehen geben, mit Vieh und Haussraht versehen, dass Sie hernach Ihr Lebenlang wohl versehen seyen, wann sie glück haben, hernach will ich Eüch wenig berichten, wie es uns auff der Reyss Ergangen ist, denn Ryn hinab biss gan Rotherdam, haben wir die gröste gefahr ausgestanden, zu Rotredam sind wir 6. Wochen Still gelegen, da sind 2. Kinder und ein Mann gestorben. Von Roterdam biss gan Neüw Castlen, sind 2. Weiber gestorben, zu Neüw-Kastlen sind wir 4. Wochen still gelegen, da sind wir auffgebrochen, auss dem Meer gefahren 8. Tag stillgelegen, hernach ist die Flotte auffgebrochen, da hat meine Tochter einen jungen Sohn gebohren, da haben wir 8 Wochen gehabt überzufahren, 6 Wochen haben wir Neüt gesehen weder Himmel und Wasser, da sind von 100. Persohnen Niemand gestorben, so sind wir in Virginia an das Land kommen, da sind wir noch 100. Meil zu Wasser und Land gereisset, sind auf Michels Tag bey unseres H. Landgraffen Hauss angeländet, darzwischen ist ein Weib gestorben, hernach ist man Still gelegen biss zum Neüwen jahr, so hat man angefangen ein Jeder auf sein aussgetheilt land zu ziechen, bis jetz sind von 100. persohnen 9. gestorben, ich und mein Tochtermann sind von Einander gezogen, ohngefählt eine halbe Meil, derhalben wurde ich meines Sohns Vonnöthen seyn, darneben thu ich auch H. Pfarrer und alle meine Bekante, wie auch mein Schwächer und die Seinen, wie auch Uhli Müllers Weib und Vogt, ja auch die ganze gemeind zu thausendmahlen grüssen mit dem Kuss der Liebe. Bendicht Küpfer Schmied mein Tochtermann lasst sein Vatter und Brüder wie auch die Schwester fründlich grüssen, und möchte erwünschen, dass sie alle bei Ihm währen, er wolte den Vatter und die seinen könen mit Speiss und Trank versehen: Ühli Müller der Büchsenschmied solle mir recht bim H. Ritter schreiben, wie es um meine Mittel stande, wie auch umb die Nachtbauren und Sohn, für dissmahlen nicht mehr dann Gott wohl befohlen; geben den 7. Aprilis auss Carolina 1711. Jahrs

Von mir, Hans Rüegs Egger.

Aus India oder America in d. Insel: Nord Carolina an dem Strohm gelegen an der Neüss d. 8. Aprill 1711.

Neben Dienst und Gruss, lieber und getreüwer Vater, Mutter, Brüder und Schwestern, Kinder und Verwandte, und alle gute fründ, was mir anbelangt bin ich gesund lebe Vernügt und wolte nicht, dass ich zu Hauss geblieben were, Bin auch Verheürathet mit Margareth Pfund von Zweysimmen, dass Land betreffend thät, ist sehr heiss, viel Wasserströhm, waldung, die Einwohner oder Indianer sind schwartz, halb nacket, doch Verständig und Vertreglich, ungläubig, untüchtig zur arbeit; ich will nicht viel rühmen noch schelten, hat man gelt und gut, golt und Silber, So kann er herschen gleich wie in Europa, doch will ich sagen für ein arbeiter oder armen Mann ist es besser dann hier, Er kann Land kriegen so viel er nöthig. Vieh kann er halten so viel er vermag, die Schwein kosten nichts zu erhalten, dass Vieh geth das ganze jahr auff der weyd, wird von sich selbsten fett, und gut zu Schlachten, man macht auch kein Heüw, wahr ist es, dass mancher biss 1000. Stück und mehr Vieh und Schwein hat, das Land ist ungebauwet, doch zu Schaffen zimlich Fruchtbahr, doch ich keinem Menschen darzu will verursachet haben, noch rahten wegen der Kostbahren und beschwärlichen Reyss, über das grausame und wilde meer, doch sind wir glücklich ankommen, und wenig Krankheit aussgestanden, und für mein part so gar sauer nicht ankommen, für alte und Junge ist es beschwerlich, doch haben wir einen Jungen Sohn bekommen auff dem Meer, der Grosse Gott hat alles Erhalten, wahr ist, dass es viel hat ge kostet, und langsam hergangen in diesen deüren Schweren Kriegs Zeiten. d. 18. Mertz wie bekant sind wir zu Bern abgereysset, d. 9. April kamen wir zu Rotterdam an, daselbst wir geblieben 7. Wochen 2. Tag, auff unserem Kosten, den 30. Mey Segleten wir ab zu Rotterdam, den 4. Brachmonat sind wir zu Jarmut in Engelland ankommen, weiters Segleten wir fort biss d. 11. ditto, kamen wir in Nord Engelland zu Neüwkastlen an, daselbst blieben wir 5 Wochen, darnach den 17. Heümonats sind wir von dort abgereisset auff dem See, und Stunden an dem Ancker, 7. Tag lang auff die Flotten gewartet, alwo eine grosse menge Schiff zusammen kommen, d. 24. ditto Seglen wir ab, und fahren 8. Wochen lang auff dem See, und haben Sturmwind und andere gefahren aussgestanden, doch der grosse Gott bald zu End geführet hat, d. 10. Herbst-Monath sahen wir Land, d. 11. warffen wir den Ancker auss zu Virginia, darnach haben wir noch eine grosse Reiss gemacht, bald über Wasser, bald über Land, wohl bey 80. Stunden, alwo wir wohnen an dem Strohm, die man heissen Neüs, hiemit so sind ihr noch Einmahl gegrüsst, Vatter und Mutter, Brüder, Schwestern, Kind und alle gute Fründ, grüsset mir den Uhli Treut in der asseyten und seyn gantzes Hauss, Hans Klossner, unser geliebtes Eheweib Ruff Ascher und sein gantzes Haus, wann ich jemand beleydiget oder zuwider gethan, so Bitte ich Ihr wollet es mir Vergeben, wie uns Gott in Christo Vergibt, ich wünsche Eüch von Gott alles wohl Ergehen, Er segne Eüre arbeit und einkommen, von nun an biss in Ewigkeit, amen.

Eüwer Geliebter Samuel Jacob Gabley und
Margreth Pfund./.

Aus America oder India, d. 9. Aprillis 1711.

Neben meinem Dienst und gruss Lieber und getreüwer Vetter Christen Egger, und Eür gantzes Hauss, könt ich vernehmen, dass ihr gesund währet, so wurde es mich freüwen, was mein Zustand anbelangt bin ich gesund und lebe Vergnügt, und wolt nicht dass ich zu Hauss blieben wäre, was das Land betrifft ist so beschaffen, wer Richtum hat, gold und Silber, der kan ein H. seyn gleich in Europa, doch sag ich für ein armer Mann oder arbeits Mann ist es besser als hier, will er ein Taglohn. so hat er alletag Eine halbe Cronen, an Frucht oder   , gold und Silber ist rar, Land kan er kriegen, so viel er von Nöthen, Vieh und Schwein kan er erhalten, so viel er vermag, und die Schwein werden von Sich selbsten Vett und gut zu schlachten: das Vieh geht das ganze jahr auff die Weyd, ich sage mancher Mann hat hier biss auff 1000 Stuck Vieh und mehr: das Land ist feiss, unangebauwen, viel wasser Ström, grosse Waldungen, die Einwohner oder Indianer sind schwarz, halb nacket, doch Vertreglich, doch zu Hoffen, das Land sey zimlich Fruchtbahr, doch ich kein gerahten haben noch verursachen, daher zu ziehen wegen kostbahrer und beschwerlicher Reyss, über das grausamme und wilde Meer, doch vor mein part, ist mir nüt saur ankommen, aber für alte und junge Kinder ist Es Beschwerlich, langsam ist es mit uns hergangen, von wegen der Teüren und Schweren Kriegszeit d. 18. Mertz wie bekant, sind wir von Bern abgereysset, d. 10.

April kamen wir zu Roterdam an, daselbst blieben wir 7. Wochen und 2. Tag, d. 30te. Mey Segleten wir ab, d. 14. Brachmonath kamen wir in Nord Engelland an, daselbst blieben wir 5 Wochen, darnach traten wir auff das Schiff und fuhren auff dem See, daselbst stunden wir 8. Tag am Ancker, und auf die Flotten gewartet, daselbst eine grosse menge Schiff zusammen kommen, darnach Segleten wir ab, und fuhren über das grosse oceanische Meer. Ein Zeit lang fuhren etliche Schiff mit uns, darnach fuhren wir allein, und hatten Sturmwind und andere actionen aussgestanden, darnach hat der grosse Gott in 8. Wochen Ein End mit uns gemacht, und auff das Land gesund gebracht, und Eines mehr ab dem Schiff gebracht als in Engelland drauff gangen sind, darnach so haben wir noch Eine grosse Reyss gemacht, bald über Wasser, bald über Land wohl bey 80. Stund wex an das ohrt wo wir wohnen, an denn Fluss denn man heist die Neüss, was neüwes die krumen sind grad worden und haben die Kranken auff die Seyten gethan, die Weibsleüth sind gar rar, die Monzua hat einen Grafen geheirathet, aber seine Unterthanen dienen Ihm zum Verderben, und trachten ihn auff zu fressen, ein Knoupen auf dem Buggel, ein Knouppen im Bart, ein Knoupen an heimlichen Ohrten, das ich nicht melden will, und ein Schneider zum Handwerk, ein Graff zum Nahmen.

Wann es sich solte zutragen, dass mehr Leüte in diss land kommen solten, So Bitte ich Eüch, Schicket mir ein ½ dotzet gemachte Hemder, Ein paar Leinlachen, mehr 10. Ell Leinen und 10 Thaler in gelt, Ein halb dozend Messer vom Barbli und 1 Axt die brobiert ist, und packets zusammen und gebets gewüssen Leüthen, dass Sie mir sorg darzu haben, das mir neüt erfaule auff dem See zu Rotterdamm, oder in Engelland, kauff mir ein Camisohl und hossen. Hiemit Gott wohl anbefohlen, grüsset mir denn H. Pfarrer, und seyn ganzes Hauss, H. Seckelmeister Martyn, beyde Kilch Meyer Trückhart und Ihr ganzes Hauss, Heinrich Egender von St. Steffan, dess grichts und sein ganzes Hauss, von wegen seines Sohns Jacobs und Peter Treüthard, Joseph Müller von Wyssenbach, und sein Ehweib wassle, Anna Marey Jacob Gobli und seyn ganzes Hauss oben im Dorff: Grüsset mir meine geliebten Cameraden nemlich die frommen Säumer, ich wünsche Ihnen, dass sie mögen viel gewinnen und reich werden in dieser Welt, dann in jener Welt Saumet man Neüth, hiemit so wünsche ich Eüch von Gott Zeitliches und Ewiges WohlErgehen: Gott segne Eüre Nahrung und einkommen, das wünsche ich zuletzt meinem Vatterland, amen.

Eüwer geringer Jackob Währen von Zweysimmen.

P. S. Es soll Eüch nicht wunder nehmmen dass mein Bruder nüt schreibt, er hat die Gelegenheit mit haben könen wie ich.

Das zu berichten an Danniel Zaut in Erisswyl, Ich Johannes Zaut in der Vogtey Trachselwald um mehr zu begeben und gelegener Zeit mit meiner Haussfrauwen Anna Eva Zautin Wittwen, so er hinderlassen mit einem Töchterli, So dass er mit Frauw und Kind mit dem H. Landgraffen vom Riett in Nord Carolina gereisset nunmehro aber die Fr. Anna Eva Ihr fortun und kind wider zu versehen angefangen Eh wir auff die Reiss zwar ungern aus Forcht der so grossen gefahr, die auch mein Mann Johannes Zaut, wegen des Todes nicht hat aussgestanden, denn Er in dem H. Sel. Entschlaffen, er aber hinderlassen, und mir befohlen, dass ich solle nach Hauss schreiben, nunmehr weil ich gelegenheit hab, zu berichten, dass ich wieder einen anfang zum Hausshalten mache, dasselbe aber schwer falt ohne Mittel, desswegen ich alle und jede fründ, Geschwisterte, Brüder und Schwestern und die 12. geschwornen und der weibel der Landvogt und H. Pfarrer alle übrige gute Fründ, Thun ich zu Tausendmahlen grüssen, und befähle sie in allweg in Gottes Hut und wacht, Bitte darneben ihr wolle doch so brüderlich und Christlich seyn, und mir schicken was ich zu meinem Häusslichen Niderlass gebrauche, nemlich ein benantliches gelt, welches stehet bey meinem Lieben getreüwen Vetter Daniel Zaut, nemlich 100. Gulden ist die Haubt Sum, und 15 Gulden ist Zinss, diss Gelt köntet ihr mit dem H. Land Graffen von Riett seinem wexel zuschicken, der ohrt und das Land, die Rivier wo wir jetzund Leben und Haussen ist ein guter grund und Vieh Zucht, auch gute sichere und Freyheit in Nord Carolina um uns was anlanget mein zu stand, und Leben, so ist meine Tochter Catarina auch in dem H. Entschlaffen Eh und bevor ich an das Land vom See kommen bin In Virgien und Nord Carolina. Hiemit in die Schutz Hand Gottes befohlen und seyt nochmahlen zu Tausendmahlen von mir gegrüst Anna Eva Zautin in Nord Carolina A. 1711, d. 15. Aprillis.

Ein fründlichen Gruss an meinen Goss Vatter Bendicht Schetele im nider Linog und an meines Vatters Bruder im Buche Heinrich Simon und Andreass Krächig und mein Grossmutter im Buche . So hat unser Vatter Bendicht Simon, in Seinem Tod Bett hinderlassen, dass wir hinderlassene Kinder noch Etwas zu suchen hetten, an meinem Gross Vatter Bendicht Schetele: so haben wir ein fründliches Bitten an Heinrich Simon und Andreas Krächig, wann wir gelegenheit haben auff dissmahl wans Möglich zu verschicken in Carolina in die Newstadt Bern mit dess H. Graffen Ritters wexel. So ist Bendicht Simon Seine Hauss frauw und seyn kind Katarina Tod, und sein Tochtermann Joseph Stern von Riggischberg ist auch Tod, so ist Madlena hinderlassene Wittib wider verheürathet, mit Jacob Himler von Madisswyl und hat Madlena noch ein kind Johannes Stern, und Anna Margreta ist verheürathet mit Andreas Beinmann von Mentzingen Johann Simon diese geschwisterte sind in Carolina beim Graff Ritter.

So ist Maria Magtalena zurückgeblieben, mit ihrem Mann Johann Heinrich Hans von Buchse, in Londen, so haben wir kinder ein fründliche Bitte an unsere Vorgesetzten sie wollen unser annehmen als Vätter, so seit nun 1000 mahl von uns gegrüsst alle guten Fründ und bekanten, Jakob Himler und sein Haussfrauw, Andres Weinmann und seine Haussfrauw Ana Margretha und Johann Simon.

Dass diese hier venamseten persohnen Verlangen und Begehren bezeüge von Graffenried.

Johann Jacob Götschi Landschreiber und
Haubtmann in Carolina.

Neüw Bern in Carolina, d. 20. Aprillis, 1711.

Mein fründlicher Gruss und alles guts bevor an Eüch mein Hertzlieber Vatter und Mutter Bruder und geschwisterte und Hans und Bartlome und Rössl wie auch denm gross Vatter allen guten Fründ und Nachtbauren, Es sey Eüch kund dass ich durch die gnad Gottes früsch und gesund bin, solches von Eüch zuvernehmen wurde mir sehr erfreüwlich seyn, Es gehet mir wohl, an Narung und kleydung fehlet mir nicht, aber das gelt ist zimlich rar im Land, ich habe mich Verdingt zu dem H. Christoph von Graffenried, Burger von Bern, genesener Landvogt jetztund Landgraff in Carolina: des Lands beschaffenheit ist sandächtig, aber doch zu allen Sachen was man pflanzet, doch gibts underschiedlich strichen, Es gerahtet zimlich wohl, sonderlich das weltschenkorn, wann Jemand vorderst dass ihr mir schicket, so gebet niemand Nichts, ich bin Niemand Schuldig, wann es Gott gefelt, und er mir das Leben gönt will ich von mein Vatterland besuchen, hiemit lass ich Eüch wie obgemelt alle sambt zu Tausend mahlen fründlich Grüssen, ich befihle eüch Gott dem wort und seiner Gnaden, und verbleibe Eüwer lieber Sohn,

Bendicht Zionien/./.

Neben Tausendfeltiger begrüssung wünsche ich allen getreüwen Fründ, Nachtbahren und bekanten Gottes gnad und segen, ich und mein weib 2. kinder und mein alter Vatter, sind Gottlob früsch und gesund, kammen in Carolina und wohnen 20. Englisch Millen von Neüw Bern, ich hoffe dieses Jahr korn genug zu pflanzen, das Land ist gut, dannoch der Anfang beschwerlich, die Reiss gefährlich, meine 2 Kinder Maria und Hanssli sind mir zu Rotterdamm In Holland gestorben und an die gewohnliche grab Stett begraben worden. Zu Hoch wird diss land in Eüropa gelopt, und zu viel geschulten, ich hoffe auch In Kurzen Jahren küh und Schwein zu haben, So viel ich begehre: der H. von Graffenried ist unser Land Graff, unzeiffer Schlangen und dergleichen ist nicht so viel, wie man in Eüropa dorten Ret, Crocotiller hab ich auch gesehen an den wassern, sind aber bald geflochen, mit gwild soll man sich nicht trösten zu erhalten, dann es sind keine wilde ochsen und Schwein, Hirschen und Reh, Enten und Schwanen und weltsche Hüner, ich möcht erwünschen, dass ich mein kind, so ich bey meinem Schwächer Vatter gelassen hab, bey mir hätte, sambt den 45 K. So ich hinder der gemeind Toffen gelassen, und wann mein Schwächer zu mir kommen wolt, so wolte ich ihm von meinem Land geben, Schwein und Vieh kann mann haben so viel man will ohne Mühe und Kosten, mich dauret sehr, dass Christen Balsiger sein Ühli zu Bern wider von mir genommen hat.

Dieser Brieff zukommen Hans Wichtermann zu guten Brunnen.

P. S. Anna Wüll von Rümlingen ist auch hier und ist reich genug hiermit Gottbefohlen 1711/

Wer zu reissen Lust hat der kan 100 Eiserne Tubac Pfeiffen, Messer, Eiserene Häffen und kupferne kessel in Holland bringen, daran kan er in America wohl 3. oder 4. Mahl so viel haben als sie Ihn kosten. 3. Küh und 4. Schwein ist mein anfang in Nord-Carolina der H. Jesus sey mit Eüch allen. Amen./.

Unseren fründlichen Gruss alles guts an Eüch unseren Viel geliebten Vatter Gross Vatter und beyde Mütter, Bruder, Schwäger, Schwöstern und Geschwey. Es sey Eüch kund und zu wissen, dass wir durch die Gnad Gottes, früsch und gesund sind, solches von Eüch zu vernehmen wurde uns sehr Erfreülich seyn, die Salomé ist lang krank g'sin, aber durch die gnad Gottes ist Sie wider gesund worden, wir haben noch keinen Predikanten, wir hoffen aber bald einer zu bekommen, ich hab noch kein Land angenommen, die Tagelöhn sind gut, hat einer 1. Tag 18 Stüber macht 9 bz. und die Kost. Ich bin jetz von meinen Brüdern gezogen doch im Frieden, ich will bald ein plantage Land annehmmen, welche biss in die 300. Morgen begreifft, dess Lands ist genug, arbeit braucht es im anfang viel, wann mann aber ein Mahl ein anfang mit Vieh und Schweinen gemacht, so kann man sich mit geringer arbeit fortbringen, es kan Einer wohl biss auf 300 Stück ohne kosten haben, dass sie feyss genug werden, aber zimlich wild, aber die Reyss biss daher zu kommen ist kostbahr und beschwerlich, eine persohn über Meer von Rotterdam auss Holland 34 Thlr. alwo wo wir 7. Wochen und 2. Tag auff unsere Kosten gelegen sind, den 30. Mey sind wir auff das Transport Schiff getretten, und sind gefahren biss nach Brüll auf das Meer, d. 4. Brachmonat sind wir biss nach jarmouth kommen, d. 11. ditto in Neüw Castle an ein ohrt in Engelland gelegen, alwo wir 5. wochen Still gelegen sind, d. 17. Heüwmonats sind wir wider auf das Schiff getretten, und zuruck biss nach Scheil auf das mehr gefahren, alwo wir 8. Tag Still gelegen, und auff die Flotten gewartet haben, welche 4. Tag mit uns gefahren ist, welches über die 100. Schiff gewesen sind, hernach sind wir allein gefahren, sind offt in grosser Gefahr gewesen, und sind durch die Güte Gottes glücklich allhier ankommen, ist Niemand unter uns gestorben, darum wir den Gütigen Gott nicht genug könen danken, d. 10. Herbst umb 9. Uhren haben wir Land gesehen, dess Nachts den Ancker geworffen, d. 11. sind wir auff das Land getretten,·welches uns sehr erfreüwlich gewesen ist, dann wir haben ein lange Zeit nichts als Wasser und Lufft gesehen, Von Virginien ist es noch gar beschwärlich mit dem Bagage, bald über Wasser, bald über Land, wir wohnen in Nord-Carolina am Strohm Neüws genant. Das Land betreffend ist zimlich Sandig, doch Fruchtbahr, zu allen Früchten zimlich gut, sonderlich zum weltschen korn, obs belangend wachst ohngepflanzt nicht, weder schlecht noch gut, die gebohrne Einwohner dess Lands sind geschwind, aber nackend, um die Heimlichkeit haben Sie Röck und Schürtz, für dissmahlen neüt mehr grüsset mir mein Fründ Ziorien und mein Mutter lasst Eüch fürbefohlen seyn; grüsset uns alle guten Fründ und Nachtbahren, und ich befielen Eüch Gott, dem Wort und seiner Gnad und Verbleiben Eüer Liebe Kinder Ziorien und Salomé von Mühlenen.

An Christen von Mühlenen in der Schweitz in Bern
Gebiet, im Ober Simmenthal in der Kirchhörl
Boltigen auff dem Flühli./.

Mein fründlicher Gruss und alles guts zuvor Hanss Äschbacher, den wirdt Uhli Bäche dess Vetter und auch alle meine g'fatterLeüth und gute Nachtbauren, Eüch zu berichten, dass wir Gottlob frisch und gesund sind, das Anni ist mir g'storben es Reüet mich sehr, Es ist niemand gestorben als 3. Weiber, mein

Anni ist die ganze Reiss krank g'sinn, wir haben kein Weiber Volck das uns wäscht und flickt, ich bitte Eüch wann das Erb g'fallen ist, so schicket mir es, ihr dörfft es nur dem H. Ritter überlieffren, schicket mir einen guten Knecht, 2 gute Mägt, 2 gute achsen, dann der Dietrich hat nicht Zeit zu schmieden, ich hab viel zu arbeiten, 250. Morgen Land angenommen, wann ich will kann ich 400. nehmmen, ich hab Gelt von Nöhten dass ich kont Ross, Vieh und Schwein haben, ich könt wohl 200. Stuck haben Sommer und Winter ohne Mühe und Kosten, Es ist hier miesch an den Bäumen, das denn Winter so gut ist als das beste Embd und Eichlen, auch sollen mir die Diensten ein kistli lassen machen, und sollen 200. Ell flächtig Tuch, 100. Ell Reistige Zwilch bey dem Schmied 4. Sieben Pfündige Leg Eisen, mit sambt den Lungen, Ein klein Naben Neyer, für pflug reder zu bohren, 2℔ pfeffer körner, ½℔ Nägeli, 2. Möllsteine, die umdas halb schwer seyn, als ein Hand Mühli, aber die Spetzerey und Mühlsteinen müssen sie erst zu Rotterdam kauffen, auch kauffet mir ein Baar gegossene Tabackpfeiffen und ein 12. von den andern 2. batzigen 2. dotzen, etwa von Eyssen pfannen von doppleten nur die Schalen ohne Füess und ohne Stihl, dass in die kleinste Ein Maass gehe, die andern aber grösser, und ein dotzend hornige Röhrli, ich könte für mein pfeifen 5 kriegen und auch ein paar Möschig Schuhringen, die Indianer kauffen solche sachen so theur, als mann will, es ist der gröste Fehler und Mangel hier in Carolina, dass zu wenig Leüth hier sind, und auch kein rechte Mühli, es wird aber von uns Leüthen, die hier in Carolina sind, kein Mensch Verlangen tragen, noch Einmahl ins Schweitzerland zu seyn oder zu bleiben, 'dann mann kan in dem Schweitzerland gar wenig Fleisch Essen, hier aber in Carolina darff ich nicht kummer haben, für diss jähr hin, dass ich nicht alle Jahr 30. oder 40. biss 50. Schwein Metzgen, mehr wann ich will, und wann mir schon Petter Haldmann denn ganzen Hoffacker wolte Schencken, und alles was darzu g'hört, so wolte ich nit, dann ich Weid und Waldungen für die Schwein und acker Feld alles genug an einandren, wann ich nur Gelt hätte dass ich könte ein halb dotzend küh, und auch so viel Schwein, ein paar Ross kauffen, so verlangte ich Zeitlich nicht mehr als die Liebe G'sundheit nachdem das Ewige

Leben, wie ich auch allen Menschen gönen möchte, auch möcht ich erwünschen, dass die Nohtleidenden Nachtbauren bey uns wären, so dörfft sie nit kummer haben, dass sie müssten Hunger leyden, wann sie nur ein wenig arbeiten wolten, darum wer Lust hat, der wage es immer käcklich unter dem Schutz des AllerHöchsten, zwar mann gibt eim nicht gebäute Häusser und gebutz Land, Es mag darnach darnach ein jeder selber arbeiten und butzen, zwar die Reiss ist schwer und hat mich am hertesten gehabt, aber nach dem Regen kombt Sonnenschein, aber jetzunder sind wir Gottlob so frisch als wir nie gewesen sind und dess Weibels Tochter hat ein Sohn gebohren auff dem Meer und alles noch frisch und gesund. Sie sind des H. Gouverneürs Lehenleüth, und haben die beste Sach, das Lechen aber wehrt 4. Jahr, und alle wochen kan er Ein Tag auff seinem Lechen arbeiten und der halb auffwachs ist seyn an denn pfanwärten, auch ist die Reyss uns gar kostbahr gewesen, wir haben 8 Wochen zu Rotterdam ligen müssen, und ist gar theür gewesen, auch wir für 6. persohnen denn Schiffmann von Bern 31. Thls. zahlen, auch dem Schiff Capitain über mehr zu führen 204. Thls. bezahlt, von dem Schiff über Meer haben wir durch Virginien biss auff unseren platz, mehr als 100. Meil über Land müssen reissen, von wegen den Seeräubern, das wir zu spaad in Holland ankommen sind, und die Flotten versaumbt haben, sind mit unserem Schiff allein gefahren, und sind 8 Wochen auff dem Meer gefahren, aber jetzund haben wir gut fürtrefflich Land, Schicket mir auch ein paar dotzend ordentliche Messer, Es ist grossen Mangel an teütschen Weiber Volck, grüsst mir mein Schwächer Vatter, wann er noch lebt, meine Schwäger und g'schweyne vorauss aber denn Cristen Hauss Mann, im Heybühl und seyne Frauw, ich und der Dietrich seyn Knecht lassen den Schmied und Hanss zur Fluh fründlich grüssen, Es wär gut wann die beyd hier währen, Sie könnten g'winnen was sie wolten, was die Handwerck betrifft, So sind das die besten Waffenschmied, Büchsenschmied, ZimmerLeüth, Schneyder, Schuhmacher, Lattmacher, und Seyler, wann diese kämen so wäre Es köstlich gut, auch Weber, wann ich für 30 Cronen Messer und der obgemelten wahren hier hätte, so könte ich mehr als 100 Englische Cronen g'winnen, Ein Crone ist mehr als in

Teütschland ein Thlr. d. 8. April 1711. Der Caspar gerber solle dem H. Ritter in Bern übergeben, und Verhoffend wann mein Schwächer noch lebt, er werde mir auch noch ein Ehelich Reyssgelt schicken, wann wieder Volck solt hieher kommen, und ihr mir Dienste Schicken könt, so schickt mir doch die obgemelten Wahren, die aber gehen wollen müssen sich bey H. Ritter anmelden, dass wann dass ander Volck verreissen wolt, sie mit Einander reissen und wann das Erb gefallen ist, so gebet jedwederem Götti Ein halber Thlr. nemlich dem Peter HabEgger, Helm Kupferschmied, Uhli Burger, und Niclauss Balts, wann sie noch bey Leben sind, hiemit nichts weiteres, wir wünschen Eüch gute gesundheit, und langes Leben, Zeitliche und ewige Wohlfahrt an Seel und Leib. Lasst mir auch Ein halb Dotzend deren Drucken kauffen, wie der Uhli Lerch mir eine geben, auch bezahlet dem H. Ritter den Brieff, Es wäre gut wann einer oder 2 Kessler nemlich Flicke kämen, ich hab nicht Zeit mehr zu schreiben, sie ist mir zu kurtz./.

Christen Engel.

Copia eines Brieffs geschrieben von Christen Janzen auss Nord Carolina, d. letzten Aprillis, 1711.

Gott zum Trost liebste Seelen, Vatter, Mutter, Geschwisterte Fründ und Nachbauren, neben unser allerseits Tausendfältigen Gruss und g'horsamer Dienste, hat unsere g'sundheit zu dieser stund zu vernehmmen, und zu wüssen, dass ich mein Schreiben, so kurz als ich es fassen kan, geben muss: Ich hoffe Ihr habet die Brieffen, die ich aus Hol- und Engel-Land g'schrieben, der Nothwendigst Inhalt war, dass wir denn 10. Brachmonath in Neüwkastle in Engelland glücklich ankommen, aber d. 6. Tag war ich ein sehr betrübter Wittlig worden in Castel lagen wir 5. Wochen, d. 17. Heümonath kamen wir wieder in das Schiff, und lagen 8. Tag an ancker, darnach fuhren wir unter Gottes allgewaltigen Schutz und schirm in Virginia glücklich an das Land, haben auch nicht ein persohn verlohren, ist doch ein junger Sohn auff dem Meer gebohren worden, sein Vatter heisst Bendicht Kupferschmied, hat bey unsrem Lieben Bruder Christen Bürcki ein jahr gedienet, darnach sind wir ohngefähr 100.

Stund zu Wasser und Land, doch allezeit gefürt und Verproviantiert, und haben die Leüth uns vast aller ohrten sehr gutes gethan und ist hier im Land kein wirdt, als von Einem ohrt zum andren umsonst zu zehren, und halten es vor Ein Schimpf, wann man nach der Ürte fragen wolte, glücklich und Gesund hieher gebracht: der Schuhmacher Maritz ist erst hier auff seim Land gestorben, auff der ganzen Reyss ist er früsch g'sin sonst ist von uns Siebenthalern keins g'storben, der andren aber noch drey Pfelzer aber unter welchen wir wohnen, sind sehr viel gestorben: Betreffend das Land ins gemein, So vast lauter wald, mit unbeschreiblich schönen Cedern Holtz, Papelen, Vohrlen, Eichlen, Buchen, Nuss und Kestenen Bäum, die Nuss aber sind gar hart und grüblig, und die Kestenen sehr klein, doch gut: Item Sasafras und sonsten so viel wohlriechende Bäum, dass ich das 100ste nicht beschreiben kann; das Cedern Holtz ist Roht, wie der schönste Eingebeitzte Kirsch Baum, und riecht noch besser als der schönste Wachholder, sind auch ins gemein wie auch andre Bäum, 50 biss 60 Schuh lang unter den Esten; das Land insgemein ist vast allerorthen Schwarze Erden und vetter Grund und kan Ein jeder so viel kriegen als er haben will, sind 5. Jahr frey, darnach soll mann Ein Morgen, welcher viel grösser als ein Jucharten bey uns, 2. Stüber geben, sonsten gantz frey, Eigenthümlich zu Nutzen und zu Erben nach belieben; aber diss ohrt ist noch ganz ohnbewohnt g'wesen, dann wir haben gar kein Merckzeichen gesehen, noch davon gehört, dass hier Etwas solte anders gestanden seyn als die Sogenanten Wilden und Nackenden: Sie sind aber nicht wild, dann sie kommen viel zu uns, und kleiden sie gern von uns, welches auch g'schicht, wann sie es mit Wilt Fleisch und Leder, Speck, Bohnen, Korn, welches die Weiber pflanzen und die Männer jagen, und die Christen Leüth, wie auch am allermeisten, uns durch die Wälder führen, und Neüwe weg Zeichen bezahlen, Sie haben Hütten von Cedern rinden, können auch etliche gut Englisch reden, haben auch ein Abgott, und halten Vest zu gewissen Zeiten,: von dem wahren Gott aber wollen sie leider nichts wissen, die Viehzucht betreffend, so kostet die Aufferziehung schier nichts wie das zu Franckfort getruckte Büchlin meldet, dann alles Vieh ist den Winter so wohl an der Weid als denn Sommer, und weiss in diesem gemeldtem Büchlin nichts zu tadlen für dieses zwey Stuck wiewohl es von Süd-Carolina schreibt, man schlachtet auch kein Junges Thier, da kann mann schon Schliessen wie bald sich die Zahl vermehren kann, die küh geben kum halb so viel bey Eüch, dann die Kälber Saugen so lang, biss dass sie anderhalb jahr alt sind, so haben sie auch schon wider junge, wir kauffen Ein Kuh mit dem Kalb für 3£ Sterlin oder 12 Thlr. Ein Schwein Ein £ mit jungen oder vett, ein Schaaf auch so viel, Geissen hat man noch wenig, doch hab ich gesehen, der Juncker Michel hat mir gesagt, Sie wollen uns herbringen, die wilde oder ungepflanzte Baum Frücht, sind hier nicht so gut zu finden, als der Kocherthaler schreibt von Süd Carolina, Kirschen habe ich keine gesehen, Reben gibt es sehr viel, auch viel Trauben daran, deren Etlich gut zu Essen und wohl zu glauben, wann mann viel bey einander hätte, mann wird aber trachten zu pflanzen, dann es wachst alles sehr g'schwind auff, und sind alle Frücht von Sehr gutem geschmack, aber wir geniessen sie noch nicht viel, wir liegen an Einem Strohm Neüss genant, da haben vor 6. jahren die Ersten, biss vor 2 jahren Englische, und Schweitzer Leüth ihnen angefangen zu Bauwen, dass die Meisten so arm wahren, als wir sind, wie mich bedunckt an Vieh an allerley Früchten, denn schönsten Baum Früchten, alle reich genug, und arbeiten das ganze Jahr etwan 2. Monath, wir haben uns der Natur nach hindenansetzen müssen, dass wir es noch nit haben, aber wir hoffen durch Gottes Segen auch zu Kriegen, wir sind kurz vor Wienachten auff unser Gut kommen, und haben durch Gottes beystand, die Zioria mein Tochtermann, Petter Reütiger und ich, und noch andere Viel, Sterckere Häusser als die Englischen, auch Land darzu gebutzt, und haben die meisten schon Eingezaunet, ist auch zu hoffen, dass wir von Nun an auss der Erden, und von dem Vieh, durch Gottes Gnad, welcher seine Mildreiche Hand allezeit so hilfreich aussgestrecket hat, und uns vor so vielen Finden, Geistlichen und weltlichen, und über das grosse Meer, so sicher und ungehindert hindurch gebracht, auch zur gnüge Kriegen werden, aber Eins ligt uns noch hart an, welches ich ohne Weinen nicht schreiben kann, Nemlich der Mangel eines treüwen und Eiffrigen Seelsorgers, dann wir haben wohl Ursach mit Asaph zu klag unsere Zeichen sehen wir nicht mehr, kein Profeht predigt uns mehr, kein Lehrer lehrt uns mehr: wir haben zwar alle Sonntag Bettstunde in unseren Häusseren, aber der Eiffer umb unser alten Sünden Rost ausszufägen, ist so schlecht, dass zu förchten ist, er fresse noch alles biss auff den grund, wann nicht der Erbarmende Gott zu Hilf kombt, wann es dem lieben Gott hätte gefallen wollen, von unsren Brüdern und Schwestern, oder doch auffs wenig Christen Bürcki, zu Einem Instrument, Leibs und der Seelen Arzt mitzusenden, so hätte ich gute Hoffnung gehabt, das Liecht wäre nicht zu einer stinckenden bröschen worden, dann ich glaube nit, dass ein Mensch hier wäre, weder Englisch noch Teütsch, noch Frantzösisch, die ihn nicht hertzlich lieben Solten, dann seyn Kunst ist hier überauss gute, dass er ein Hoff nach Wunsch ohne Feldarbeit machen könte: dann gut geträнck, und solche Arzney Mittel ist der gröste Mangel im Land, darumb ich ein fründliche Bitt an dich Lieben Bruder hab, nemlich also, Ich hab Christina Christeler ein Wittib von Sannen geheürahtet, ich bin ihr der dritte Ehemann, von dem Ersten hat sie 4 Kinder gehabt, 2 sind in Londen gestorben, der Mann und ein Kind auff dem Meer, das Eltest aber ein Knab von 13 Jahr heisst Bendicht plösch, Er ist zu Mörigen in der Vogtey Nydauw, bey seines Vatters seligen Fründschafft geblieben; und hat vor 4. jahren noch g'lebt, ihr Vatter hat Petter Christeler geheissen, so hat Ihr Christen Walcker, welcher sambt dem Weib hier am Land g'storben und hat 8. Kind hinderlassen ihr gesagt, sie habe ein zimlich gross Erb, von Ihres Vatters Seel. Bruder Moritz Christeler gethan, dann er hab 100 Thlr. dafür überkommen wann er nach Sannen geht, darnach zu fragen, ich hoffe Heinrich Perret werde dir helffen können. Dann sie sind die Nächsten Nachtbahren g'wesen und wann dem also ist, wie Walcker gesagt, so kanst zu deinen Handen nemmen. Weil mein Weib das Brönnen so wohl versteht, und es viel (od. vier?) jahr getrieben hat, und das geträнck hier sehr rar ist, und hier weder gelt, noch Brönnhaffen zu bekommen ist, sonst wolte ich es dir nicht zu Muhten, der haffen aber muss 2 Rohr aber keine Schlange, wann nicht etwann Vertraute Leüthe kommen, so wurde der H. Ritter noch wohl so gut seyn, dass er mir ihn hieher schaffe. Auch 4℔ gewürtz, als Imber, Pfeffer, Saffran, Muscatnuss, Galgan, Nägeli, jedes nach proportion des gelts, dann hier ist noch nichts als Lohrbehr, hab ich an den Bäumen in Wälderen gesehen, wann es aber zusammen nit ware mit dem Erb, so wolte ich doch dich und meinen Vatter wann er noch lebt, fründlichst gebetten haben, Etwann noch von den Minen Helffen, dann mir sehr viel daran gelegen, und sonderlich den Weibs Leüthen, welche hier gar rar sind, wann noch mehr Leüthe kommen wolten, so rahte ich, dass sie Weiber mitnehmen, wann sie haben wolten, dann sind hier die bräffsten die keine Weiber finden, weil sie nicht hier sind, die Reyss ist wohl zu überwinden, wann mann sich recht darauff versehen kann mit altem käss, dürrem Fleisch, dürr Obs, Essig, Wein, Bier, Wasser, Butter, Zweyback, in Summa was gut Essen, und kumlich zu fergen ist, Ein pfannen oder das oben Eng und unten weit ist, dann wann das Meer ungestühm, so haltet sich das Schiff auff einer Seiten, dass Verschüttet wird. Doch aber nüt g'hört, dass ein Schiff auf dem hohen Meer untergangen sey, wer sich mit obgemelten Mittel versehen könt, und Ein Accord mit dem Schiff Haubt Mann machte, dass er freyheit liess zu kochen und ein guter platz zum ligen, so were mir die Reiss nicht schwer, dann wir haben Junge und alte Leüth gehabt, sind alle früsch und gesund, was man an Wahren hieher bringt, ist alles zum wenigsten noch Ein mahl so viel wehrt, sonderlig das leinig Tuch, und Glass wäre auch vonnöthen, und ist in Holland gut kauffen, Es grüssen Eüch Peter Röhtiger, und meine zwei Töchter, dann wir wohnen neben Einandren. Das Dichtli ist noch bey uns, Leg ab denn gruss von uns allen, bey unserer lieben und getreüwen Seelsorgeren der ganzen Ehrbahrkeit, sonderlich dem Gfatter Killch-Meyer, Dreüthart, und Andreas Äscher, Christen jantz. Ich hätte viel zu schreiben, ich muss abbrechen, habt gedult mit meinem schlechten Schreiben, dann wer mein Hand und Arbeit sieht, der wird wohl glauben, dass ich nit viel g'schrieben und g'studirt hab. Grüsset uns den Christen Bürcki und ich wolt gern dass er den Inhalt dieses Brieffs vernehmmen könte.

Verbleibe Eüwer geneigt williger Diener und meiner Eltern Gehorsamer Sohn biss in den Tod./.

Grüsset uns Anna Druss, Item Speissmanns Leüthe und dein Schwester und Gschwey auch meines Vatters Schwester, und voraus den Schulmeister./.

Copie d'une Lettre du Baron de Graffenried ecrite a Mr. Edud Hyde, Gouverneur de la Caroline du nord; de New Berne. En nord Caroline le 4e Jenvier 1712.

Tres honnoré Seigneur Par la Grace tres particuliere de la providence Divine Jay escapé des mains barbares des indiens, et ie suis arrivé depuis hier dans ma maison, heureusement, mais a moitié mort, ayant etté obligé de marcher a pied 20 milles; exposé au froid, tout seul une nuit sans feu tout pres dun marais dans un bois, ou il y avait plusieurs ours mugissants toute la nuit. Vous pouves penser, mon cher chevallier, combien cette nuit froide me durat dans la crainte destre devoré chaque moment des betes brutes, nayant n'y fusil, n'ÿ couteau, ny Epée, ny feu, avec moy ne pouvans remuer mes Jambes enflee et lassées, Je fus obligé de marcher seul un jour avec deux gros batons. Jusques enfin que ie revins a la maison, que ie vis a quelque distance de la, fortifiée, et pleine de monde, ce qui me consola un peu; parceque ie croyois quelle avoit etté brulée, et tout le monde tué, sachans les expeditions des indiens qui sacagoient et bruloient tout ce quils pouvoient sur Pamptego Neuf et Trente River, et leur resolution de detruire toute la comté, Lorsque mes Gens me decouvrirent, quoyquils connois soient ma taille et mes habits, ils ne pouvoient croire que ce fait moy croyant si certainement que savoir etté tué, quils vouloient Gager Cent contre un, que ie netois plus en vie, quelques uns me prevoient pour un spectre, enfin ayant entendu ma voix, comme un second Thomas ils furent obligé de croire, Ils sécrierent en verssant des larmes, pour un fait si surprenant, Aussi tost que ie fus entre dans ma cabane Je rendi Grace a mon Sauveur, pour ma merveilleuse delivrance, a peine eus ie achevé que iapris la mauvaise nouvelle de la division de la Colonie, la moitie ayant abandonné ma maison, pour se rendre au Capitaine Brice au dessous de la Riviere, Je me porte un peu mieux ce matin, Mes Jambes sont si enflées que ie ne peux pas marcher, Jay beaucoup de choses a vous dire mais le temps ne me le permet pas, il faut que ie le renvoye a une autre ocasion, ceci nest que pour vous donner une relation de ce qui est arrivé a M. S. Lawson le Survoyeur General, Luy et moy etant monte dans un Batteau, La new River pour voir jusque ou on pouvoit aller par eau, et quel pays etoit la autour, Ms. Lawson me disant quil n'y avoit aucun danger, ny ayant aucune ville Indiene de ce coté. Lorsque nous sommes pres de Corutra une ville environ a 12 milles de Cor, ville pres de la riviere, etans vers le soir pour prendre nostre quartier nous rencontrames deux Indiens et tout aussi tost dautres touts armés vinrent, en les voyant Je dis a M. S. Lawson, que cela ne me plaisoit point, et de nous retirer, dans un autre lieu, etans rentrè dans notre Bateau ils nous arreterent, et dans un moment il vint un si grand nombre d'indiens, que nous ne pumes pas nous deffendre, ils pillerent dabord nos armes, nos provisions; et tout ce que nous avions dans notre bateau fut tout enlevé, ils etoient pres de 60 homes armès qui nous obligerent a marcher toute la nuit, par des bois a une grande ville Indiene. Eloignée de la riviere, La on nous prena devant le Roy et son Consseil, ou tout aussi tost un Indien fit une longue et forte harangue, et en balancant longtems si on devoit nous livrer, ou non, on resolut que non, parce que nous netions pas encore examiné, le matin voulant scavoir ce quils vouloient faire de nous, ils nous dirent quils auroient une grande feste le soir on se trouveroient des Rois dautres villes, et quallors nous serions examinéz et ensuite il seroit conclus sur notre suiet, le soir etant venu beaucoup de monde se fit voir etant au nombre de 200 perssonnes, dont 40 quils appellent grands hommes, firent une assemblée en nostre suiet, on nous examina de pres, pour savoir ce que nous voulions faire dans le quartier la, nous repondimes que nous avions cherchés un bon et court passage pour la virginie, parce quil y avoit trop de peine a passer les Golfes, et quil seroit plus commode pour negotier avec eux les Indiens, apres quoy on fit des plaintes contre les habitans Anglois en Caroline nommant M. S. Lawson pour ettre trop avaricieux, en vendant leur terres et que M. S. Plencatz avoit pris le fusil dun indien, que M. S. Brice lavoit fort mal traité, comme aussi plusier autres a Pemplego. Ils resolurent de nous laisser libre et de nous retirer chez nous le iours suivant, Le lendemain Il y eut une autre assemblée et on nous examina de ce chef. et nous repondimes comme au aravant, Corthom* se trouvant a cette assemblé a qui M. S. Lawson reprochoit quil luy devoit beaucoup et donnant quelquautres par-roles qui gaterent tout nostre affaire, lassemblée etant presque finie, La plus grande partie des indiens sen alléerent et nous parlions de diversses choses M. S. Lawson et moy un Indien qui parloit ,un peu Anglois fut trouver un des chefs et luy dit que nous partions mal contre les Indiens, ce que netait pas vray, tout aussi tost 3 ou 4 autres indiens vinrent en furie nous prendre par les bras et nous coucher par terre devant toute lassemblée prenans nos chapeaus et nos perruques et les Jettant au feu apres quoy on nous condamna a mort M. S. Lawson a avoit la teste coupée avec son rasoir et moy dune autre maniere, Le iour suivant on nous mena sur la Grande place dexecution et on nous Lia et coucha a terre nous otant Juste au corps, il y avoit un feu devant nous, ou ils faisoient des inprecation, faisant deux cercles de fleurs a lentour, derriere nous etoit mon peauvre noir, lié comme nous, dans ce triste ettat nous passames un iour et une nuit, le matin de lexecution, il y avoit un grand nombre de monde poir voir cette Cerémonie, Il y avoit derriere nous deux files de gardes avec des fusils, les chefs etant assis autour sur des nattes, et derriere eux tout le peuple au nombre denviron 300. Il y avoit devant nous les coniureur et les deux Boureaux dans des habillements et postures efroyable, et autour du feu des Jeunes gens denfans dans des postures abominables plutost diabolique que convenable a des hommes, et dans un coin deux hommes battans un petit tambour, apres quelques coniuration le Consseil se rassit pour mettre fin a cette triste affaire, les boureaux se retiroient et Jatendis a tout moment ma fin, preparant ma peauvre ame pour la remettre a mon Sauveur, ne pensant plus aux choses de ce monde mais aux miracles operez par le seigneur dessus, ie tournai ma face vers le Conseil et lui demanday, sil ny avoit aucune pitié pour un innocent, et comme ils pouvoient tuer un Roy, Les Indiens appellans un Gouverneur un Roy. Etant le Roy des palatins. Dieu dans sa Compassion entendit mes prieres et tourna les coeurs de pieres

*Chief Cor Tom.

de ces Creatures Barbares et brutes, de sorte quils changerent ma condamnation, A la harangue dun tres honneste Indien, qui parla fort bien a le prier, on ordonna donc qu'on ne me tueroit point a ces conditions mentionées dans nostre acord, ainsi un peu avant lexecution de M. S. Lawson ie fus delié et mené dans la maison de cett indien qui parla en ma faveur, mais mon noir fut pendu, et moy tenu prisonnier Jusques a dimanche passé me donnant un cheval un peu hors de la ville de Cor, de la ie fut obligé de marcher a pied comme ie dis cy devant Je souhaite de pouvoir mentretenir presentement avec vous touchant ces choses et comme on agit contre les indiens, mais ie suis obligé de demeurer a la maison, dans peu de iours ie vous Ecrirai sur plusiers affaires, vous verrez par la copie cy iointe lalliance que iay faite avec les Indiens, en vertu de laquelle ils mont donné permission de revenir chez moy, Le mesme iours que Jenvoyay mon autre noir pour informer nes Gens de ma vie Je recov. advis du Gouverneur de Virginie comme vous le verrez par la copie incluse; si cette lettre eut etté envoyée le mesme iour que ie fus devant ce tribunal Barbare elle auroit etté dune grande Cōnsolation chez moy a la maison. Cecy est le contenu de la lettre que iay ecrite au Gouverneur, Je vay presentement vous dire ce qui sest passé depuis lors, Aussitost que ieus pris un peu de repas ie me suis informé du desordre commis par les Indiens, et Jay appris que plusieurs maisons des palatins ont etté brulées plusiers enfans prisonnier, et quelque monde tuès, Jattendis donc avec impatience le Jour fixé avec les indiens pour me ramener mon autre Noir, qu'ils avoient gardé parce quils attendoient quelques choses que ie leurs avois promis, Le tems pour lentrevene etant venu, Jen voyai, quelquen au lieu nommé, ou ils trouverent perssonne, ce que ie pris pour un tres mauvais signe mais une meprise en fu la cause. quelques semaines apres on donna un signe vis a vis de la ville, J'y envoyai dabord nostre affaire fut faite, et Lalliance renouvellée, et me promirent de ne bruler ny tuer davantage, sexcusant sur ce quils prenoient les palatins pour des Anglois, mes voisins ont Conceu de touts cecy grande Jalousie cependant sans raison leurs ayans fermé la bouche par mes raisons, leurs faisans conoitre que ie pouvois leur rendre de grands services par cette neutralitè en leur donnans touiours advis des resolutions, et des expeditions des indiens, car ie suis obligé de garder mon poste en tems de paix et de guerre iusque a ce que ie sois secouru en assurant le peuple et mesnageans les provisions et les foins, il y a presentement 24 semaines que nous sommes sur nos gardes et que nous navons receu aucun secours daucun endroit ie serois regarde comme un fot si ie quitois la neutralité avant de secour, les affaires vont fort lentement dans la province, Les Indiens cependant continuent leurs train a bruler et tuer dans un quartier et dans lautre, quant a moy ie suis en repos, mais iay beaucoup de peine et de depense parce que ie suis obligé de tenir en garnison la plus grande partie de la Calonie, nonobstant cela je suis en paix avec les Indiens, a qui ie ne me fie pourtant pas, Nous avons un parlement dans 8 ou 10 Jours ou lon resoudra les mesures a prendre dans cette guerre indiene, apres cela le gouverneur de virginie celuy de Caroline et moy avec nos consseils nous assemblerons pour prendre les mesures et moyens pour exterminer cette nation barbare et pour maintenir les deux provinces contre les insultes perfides et les massacres, Je souffre beaucoup de tout cecy mais je me soumets a la providence, Post Nubila Jubila vel phoebus, Pour votre Curiosité il faut que ie vous parle des observations que iay faites parmi les indiens, Je trouve que de leurs naturels ils sont meilleurs que beaucoup de chretien leurs maniere de vivre approche beaucoup celle des premiers chretiens ou dun peuple inocent ils sont charitables point orgeuilleux point avares, point Larrons, point Jureurs, point de Soucy du tems a venir toutes choses communes, Lorsquils mangent cest devant leurs maisons ordinairement, tout passant est bien venu, peut sasseoir, manger et prendre sa part de ce qui est la, Ils ne connoissent point la menage pour la plus part et ils ne s'en soucient point, Jay envie de faire une description de tout mon voyage en Caroline et de ce que Jay remarquè, sa situation, Gouvernement, bonté des terres etc. Alors mes observations seront plus circonstanciées, ceci nest qu'a la hate, Leurs vices procedent generalement des chretiens, a ce quils mont dit eux mesmes, que sils avoient veu de meilleurs choses des chretiens Ils les imiteroient, Lorsque ie demandai a quelque indien de bon sens pourquoy ils etoient si traitre et si cruels contre les chretiens il repondit quils etoient obligès de faire comme ils pouvoient pour vaincre leurs Ennemis, Pour Leurs cours religions et ceremonies Il est surprenant quils ne prient point, cependant ils reconnoissent une certaine divinité qui les peut assister, mais ils ne scavent ce que cest, Lorsquils sont en danger, ils prénent la peau dun Loup ou dun Cerf quils Lient sur un baton et quils plantent en terre pour quil se tiene ferme, apres quoy ils font des offrandes devant le Dieu ainsi fait, les offrandes consistent en pois, pomes et en grains de cailles Dhuitres de riches Ces Ecailles Dhuitres brulees sont fort blanches et violettes. Ce quils ont de plus precieux parmi eux et qui passe pour de la monoye, et cest le plus bel ornement pour les hommes et pour les femmes, les femmes Rendent homage a leurs divintez en prenant des batons blancs et mettent autour du col, de ces Ecailles d'huitres, et les posent devant la statute en chantans les paroles Ganofée Jonhanne, apres quoy un viellard fait des coniurations, Ils ont beaucoup de ceremonies dans leurs enterrements de mesme des coniurations en cela ie remarquai lorsque le tombeau dune femme morte fut clos, apres le soleil couché une lumiere samblable a une chandelle sortit du tombeau. Lorsque ie demandai a un indien, ce que cetoit, il se mit a rire, Ils ont tres peu de Ceremonies en leurs mariages, Il faut que ie fasse icy une petite digression, de serioso ad iucundum.

Apres que ie fus absous de ce tribunal barbare, Ils furent tout fort civil a mon Egard chacunn voulut me caresser, et mon hoste qui etoit le Roy de la ville tout comme les autres, ayant, etté dune Nopce qui se fit dans ce tems la chez luy ou il donna pour tout regal et pour repas a toute la compagnie (composee de vingt perssonne tant de la famille que dautres) deux Coqs d'Indes, et une piece de benaison avec du dumplings, ce qui est du pain indien ce fut pour toute la feste, la nuit suivante les Jeunes Gens danserent, Leurs viandes soit dumplings qui sont faits de froment indien battu sont fait en paté boulli dans leau ou lait aupres du feu, La graine des indes rotie en cendre pois faseoles bouillie en leau peches seches patatos bouillies une sorte de racine tres tendres et brune aprochan les carrotes et les raves les Codindes sont en abondance et toute sorte de gibier, ils ne garde point de betail ceux qui nont point de bles mangent des aconnides, petites chatanes ils ont une espece de cerise sauvage en 7bre et 8bre qui viennent assez bien ils ne boivent que de leau ils portent peu dhabits en etté ils vont nud, a la reserve dune petite piece detofe .... en ijver les femmes portent des peaux de cerf ou des couvertes quelques hommes portent des habits la plus grande partie de ces indiens sont tres bien faits, vous verrez rarement une persson boiteuse ou bossue ils sont assez ingenieux mais parresseux les hommes ne font qu'aller a la chasse les femmes coupent le bois a bruler elles servent et font la cuisine cest tout leur travail ils sont fort ingenieux a faire des nates des corbeilles des vergettes fines et belles les indiens ne plantent dautres arbres que des pechers point de jardin ny aucune sorte de fruits a la reserve de bled patatos et pois leurs comerce conciste en peau et plumes, pour des fusils poudre et plomb quelque drap grossier bouton boucles, des Cravates blanches, des perles ou du Corail ils aiment touts ce qui est fait de coton, peigne couleur rouge coutau petites haches leurs gouvernement est assez bien etabli et en quelques ocasion mieux que parmi les chretiens ils ont leurs empereurs Roys et Conseillers qui sont fort respecté parlant peu et fort serieux dans leurs Consseils on entend parlé qu'un seul a la fois et a son tour toutes leurs affaires sont faites avec de longues deliberations et avec bon sens exacts dans leurs expeditions et execution et en ce quils promet-tent mais ils veulent quon foit de mesme a leur egard etant fort sobres et modestes; pendant les cinqs semaines que iay demeuré avec eux, ie nay rien veu dindecent, Mais parmis leurd ieunes gens lors quils sont ensemble et libres on voit beaucoup de manieres indecentes et des vilaines paroles ils aiment badiner et folatrer, mais ne se mettent Jamais en Colérre Ils sont dun tres bon naturels et temperenment, cependant il ny a point de regle sans exeption, il y des gens de tres bon sens, et aussi de grands coquins parmi eux, le pire est que dans leur colérre ils sont fort barbares et cruels il est etonnant queles chretiens ne fassent pas des efforts pour les attirer dans la religion chretiene, on devroit y envoyer des ministre pour apprendre leurs langue et les chretiens devroient prendre des indiens dans leurs services, les bien ellever et leur enseigner de bonnes choses, mais icy en Caroline et en quelques endroit de virginie on a de la peine a enseigner ses propres enfans il manque certainement beaucoup de ministres et décoles, Jay envie d'ecrire a ce suiet a la societé de la propagation de la foy, en ayans desia escris a Millord Eveque de Londre, et au docteur Braguer, de qui ie nay eu aucune reponse, peut estre que mes lettres sont perdue. Tout ceci nest qua la hate ayant oublié plusiers choses. Lors que ie coucherai par Escrit mon malheureux voyage, mon entreprise en Caroline et lavanture tragique chez les Indiens de Toscororo Je men souviendrai plus amplement et des passages de l'Ecriture et des Beaumes dont ie me suis servi dans cette affreuse ocasion avec plusieurs morales a quoy il y a beaucoup de matiere, mais cela demande plus de loisir que ie nay presentement; Jay rompu la glace avec beaucoup de danger, de peine et de depense, presentement un autre peut apprendre et entreprendre de semblables colonies avec plus de precaution et de succes.

Dans une autre ville indiene Je vis une espece de chapelle et autel bien Joliment fait avec des petis batons et au milieu un place ou crate pour les offrandes, dun coté du soleil levant, une statue de bois en figure dune teste dhomme peinte de rouge et blanc representant le bon Dieu, au devant de la face un long baton peint de mesme au dos du coté du Septentrion il avoit une autre teste dhomme qui netoit pas aussi bien faite, peinte de rouge et noir, representant le Dieu mechant ie vay a cette occasion vous reciter une plaisante histoire, Le premier soir qu'un de mes paisan de Berne passa pres de ce Diable ou Dieu mechant Il fut si fort en Colérre et si hirrité de cette impertinente face peinte de rouge et noir, quil prit sa hache et coupa ce Diable en deux dun seul coup cecy etoit dans la ville appellée autrefois chattutza ou il y avoit un Roy avec ses suiets par bonheur aucun indien ne le vit mais le roymen a fait des grandes plaintes cest presentement la ville de New Berne Le nom luy fut donnè aussi tost que Jay commencai a batir une maison. La raison pourquoy iay appellé cette ville ainsi est, in memoriam patriae mais donné a New Berne en Nord Caroline le 4me Jenvier 1712.

Soit notoire a chacun par ces presentes quil a etté Convenu dans le mois doctobre 1711 entre Le Barron de Graffenried, Gouverneur des Palatins et Les Indiens de Tocororo et leurs voisins dans la ville de Cor, et Wilkinsons et Roy Taylor ceux de Pamplégo et autres la autour, Primo quils seront bons amis.

2. En tems de disputes austillités ou combats entre les Anglois et les Indiens Le soubsigné Barron serra neutre et ne prendra le parti ny des uns ny des autres, il demeurerat sur le fort et ne laissera passer ny Anglois pour combatre ny Indien mais demeurera tranquille et ne fera aucun tord a aucun indien de mesme les indiens ne men feront point ny a mon peuple, en cas quil surviene quelque dificultè que ny les uns ny les autres ne feront aucune execution, mais feront leur plaintes du suiet au Roy et au chef.

3. Je promets de ne lever pas de leur pretendue limites des terres, et en cas que iaye envie davoir quelque chose la, de le demander prealablement au roy ou au chef, et rien sans le consentement de la nation.

4. Je promets et Je mengage darreter pendant 15 jours toutes austilités des Anglois pendant ce tems on cherchera quatre ou cinq perssonnes propre pour faire telle bonne conditions de paix pour le bien des deux parties qui seront jugée necessaire.

5. Que les indiens pouront chasser ou il leur plaira sans aucun empechement eccepté sils venoient aupres des plantations pour inquieter le betail et en cas quil y eut du danger de feu.

6. En cas que ie leurs vende quelque chose quil soit aussi bon marché que ie pourai, de plus on est convenus que la ou il y aura les deux marques aux portes de la maison, miene ou a un palatin de ne faire point de mal mais destre la tres bien venus, toutes ces choses cy dessus contenues seront abservees exactement temoins nos cachets les noms et marques soubsignèes.

N. Graffenried, Gouverneur of the pallatins

Toscororo indiens et voisins.

New Mark
Toscororo Mark

Alexandre Spotwood, Lieutenant Gouverneur et commandant en chef les Colonies et provinces de virginies de la Reine de la Grande Bretagne.

A la Nation des Indiens qui tienent le Barron de Graffenried Prisonnier.

Ayant appris que le Barron de Graffenried, chef des Palatins en Caroline et prisonnier parmis vous Je demande au nom de la Reine de la Grande Bretagne dont il est suiet que des a present vous le mettiez en libertè et lenvoyez dans le gouvernement et Je vous fay savoir que si vous le tuèz ou que vous luy fassiez la moindre violence, Je vangeray son sang sur touts les hommes, femmes et Enfant dé vostre nation, Donnè sous mon sceau ce 8me octobre 1711.

S. S. A. Spotwood.

A. B. FAUST,
Cornell University, Ithaca, N. Y.

REVIEWS.

Tagebuch eines Bayreuther Soldaten des Johann Conrad Döhla aus dem Nordamerikanischen Freiheitskrieg von 1777 *bis* 1783, *mit einem Vorwort von W. Frhr. v. Waldenfels, K. Bayer. Gen.-Major z. D. Sonderabdruck aus dem Archiv für Geschichte und Alterthumskunde von Oberfranken,* 1912 *und* 1913 (*Band XXV Heft* 1 *und* 2) *Bayreuth. Ellwanger.* 1913, 8vo, pp. 241.

[Journal of a Bayreuth Soldier, Johann Conrad Döhla, in the North American War of Independence, with a preface by Major General v. Waldenfels, photograph of Bayreuth flag at West Point, from Davis' Regimental Colors, Map, and Index of Names of German, English and American officers and of places mentioned in the Diary.]

The interest taken in Germany in the share of Germans serving under the British flag in the American War of Independence, is well attested in this edition of Döhla's *Diary* from a copy in Bayreuth. The editor in his brief preface, mentions Eelking's work, published in 1863, and the translation printed in 1893 by Munsell, and Kapp's *Soldatenhandel,* published in 1875, but he does not seem to know Edward J. Lowell's *Hessians,* published in New York in 1884, and the best authority on the subject. In it there is frequent mention of Döhla's *Diary,* and extracts of it from Eelking's book. Döhla's *Diary* was also printed by Rattermann, of Cincinnati, in his *Deutsch-Amerikanisches Magazin,* Vol. I, No. 1, for October, 1886, yet Lowell does not mention it in his exhaustive list of journals, &c.

General Waldenfels does not seem to know that several other diaries of the same kind have been printed in this country,—Wiederhold's, Popp's, Pausch's, Du Roy, most of them by the German Department of the University of Pennsylvania. Prof. M. D. Learned, its head professor, prepared for the Carnegie Institution of Washington, a Report on American Historical Research in German Archives, in which he refers to the MSS. in public and private collections. He is now engaged on behalf of the Historical Society of Pennsylvania in an examination of German local records, for material as to the successive waves of emigration, notably to Pennsylvania, and also to other colonies, and later to the West and Northwest.

General v. Waldenfels does not mention the German translation of Lowell by v. Viersen, which ought to be accessible in any German Library. That a Major General should edit the diary of a Bayreuth private may be due to local pride, for Döhla was certainly uncommonly well educated and writes clearly, and perhaps to the fact that Captain v. Waldenfels, of the Anspach Regiment, figures in Döhla's *Diary* as succeeding to the command of the Jäger Corps. He is himself he tells us, owner of a Diary of Capt. v. Röder and he mentions three in the Bayreuth Library, v. Feilitzsch's, Popp's, and Stang's, and a fourth, that of v. Sichart, still in the possession of his family.

Döhla's *Diary* describes in detail the principal cities he saw in the course of his service, New York, Newport, Philadelphia, and the towns and villages and country through which he passed, during the long period between the surrender at Yorktown and the final return to Germany. It gives a graphic account of the plunder he and his fellow soldiers made in their raids, and of the way in which two-thirds of his comrades remained in this country, marrying and founding new families. His very mistakes are a proof of his honesty,—as when he makes Rochambeau an Admiral, or reports a camp rumor that the English fleet was taking men and arms to seize New Mexico and make its gold mines pay for the war!

He reports in great detail his booty on a raid from New York to Hackensack—2 silver watches, 3 silver brooches, women's and men's fine hose and linen, napkins, silver spoons, Spanish dollars and York shillings, and regrets that under fire from a "rebel" force, he had to throw away complete suits of clothing, silk handkerchiefs, silver dishes, cups, &c. Still he carefully keeps record of the church services in camp and on the march, the number of times he took communion, the sermons, and other details of his religious zeal. As a reward after 15 years' service, he was made school teacher in his native village, where he died in 1820, leaving his *Diary* to a comrade through whose son it came to the Bayreuth Library.

Studies in the Lyric Poems of Friedrich Hebbel By Albert Gubelmann, New Haven, Yale University Press, 1912.

Hebbel is primarily known as a dramatist who endeavored in his works to set forth his views about the universe and the place of man in it. His esthetic theory, too, has received considerable attention, but the general impression prevails that as a lyric poet Hebbel is of minor importance. The philosophical elements in his lyrics stand out so boldly that the poetic quality of these poems is apt to be lost sight of by most readers. It surely has received but little attention at the hands of Hebbel's critics. Gubelmann's careful and sympathetic studies in Hebbel's lyrics are therefore a very welcome addition to our Hebbel literature. The author advances the claim that Hebbel's lyric poems, by virtue of the perponderance of sensuous elements in them, are of high poetic merit, that the poet has succeeded in casting his speculations and reflections into a concrete mold, that in spite of Hebbel's subjectivity his lyrics are aglow with life and reality. The evidence presented shows convincingly that sensuous opulence abounds in the best lyric poems of Hebbel. I also agree with Gubelmann that there is little conventionality in Hebbel's use of such data, that his choice was above all dominated by his "acute sensibility and his passionate surrender to the impressions of objective reality". Gubelmann has examined Hebbel's lyrics with reference to the frequency of sensuous elements and has grouped the latter according to the particular sense organs by which such phenomena are transmitted. His method of analysis has led him to follow the general classification in vogue with psychologists, and as a result we have a chapter each on color, sound, silence, and the tactual sense. There is a considerable amount of purely psychological discussion, to make clear the esthetic value of the various sense perceptions, but most of it is pertinent and should be of great value to any reader not already familiar with the psychology of the senses. The grouping of the various sensuous terms in the chapter on color is, however, rather arbitrary and will scarcely receive the approval of psychologists. *White, grey* and *black,* for instance, are dealt with under "Color Proper". But the value of the exposition is not seriously impaired thereby. Visual stimuli, above all color and luminosity, certainly exercised a very strong influence over Hebbel. The second sub-heading in the chapter on color: "Light, fire, flame, etc." is hardly well chosen. The term "light" strictly speaking includes all visual sensations. It is obviously not well possible or desirable to clasify all terms denoting visual stimuli, nor do they all possess especial poetic merit. Form and contour, to be sure, might well be reckoned among the sensuous elements, but they play a negligible part in Hebbel's lyric poems. Terms denoting position and motion, however, are frequently used by Hebbel with great skill and produce a very striking effect. They stand out so vividly and life-like that to my mind they contribute greatly to the sensuous quality of the poems in question. A few examples will substantiate my claim.—"Jene Alte schleppt sich zur Kapelle"—"in die weisse Hand das Köpfchen stützend"—"und die Alte in der Ecke kauernd" (Liebeszauber, VI, 156 ff.)—"Und stösst ihn weg mit ihrer Hand" (Die Odaliske, VI, 187 ff.)—"um deiner Mutter Hals dich schmiegend" (An ein schönes Kind, VI, 321 f.)—"Der Alte schleicht betrübt davon" (Herr und Knecht, VI, 388 ff.)—"wenn's draussen tappt und schleicht" (Der Ring, VI, 392 ff.) The last illustration suggests sound rather than motion, others are accompanied by pronounced motor sensations. A complete enumeration and tabulation of such terms would perhaps require a disproportionate amount of time and labor, yet many must be surely counted among the devices that give to Hebbel's lyrics their sensuous quality. The separate chapter on silence is most appropriate, because of the highly poetic use made by Hebbel of silence; it, as well as the chapter on sound, has very naturally yielded better results than the one on the tactual sense. For the English reader Chapter II, an outline of Hebbel's esthetic theory, should be of especial value. It presents Hebbel's esthetic views briefly, but in a clear and comprehensible manner. The book is singularly free from errors due to oversight. On page 262, line 20, "not" should be omitted, it would seem, or be replaced by "but". Another instance of a similar kind that I noticed, I failed to record. Differences of interpretation are a matter of course. I was especially struck by the two different suggestions offered by Gubelmann with reference to the verses quoted on page 118. Here the very sensuousness of the imagery has apparently caused Gubelmann to lose sight of the logical connections. The lines in question refer to no present charms, either bodily or spiritual, of the young maiden; they simply mean that she, too, ere long will blossom forth into full womanhood, but at the time being her beauty is only nascent. There are other instances where I feel inclined to disagree, but I am in full accord with Gubelmann's main thesis: i. e., the conspicuous sensuousness of Hebbel's lyric poetry.

JOSEF WIEHR.

Smith College,
Northampton, Mass.

CONTENTS

OF

GERMAN AMERICAN ANNALS

Continuation of the Quarterly
AMERICANA GERMANICA.

New Series, Vol. 11. Old Series, Vol. 15.
1913.

Page

PUBLISHED BY
THE GERMAN AMERICAN HISTORICAL SOCIETY
E. M. FOGEL, *Secretary,*
Box 39, College Hall, University of Pennsylvania,
PHILADELPHIA.

BERLIN: MAYER & MÜLLER
NEW YORK: CARL A. STERN
LEIPZIG: F. A. BROCKHAUS

LONDON:
KEGAN PAUL, TRENCH, TRÜBNER & CO., LTD.

PARIS:
H. LESOUDIER

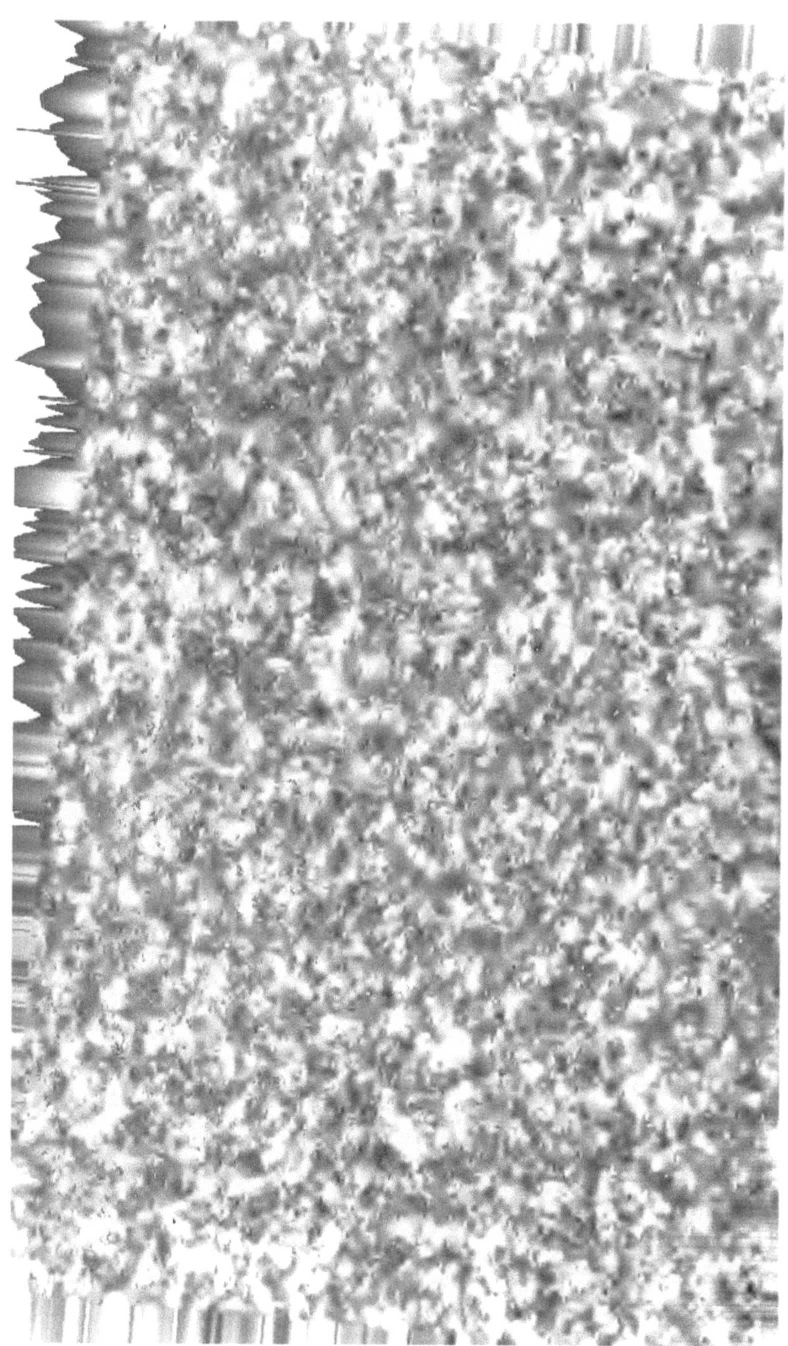

Zeitfracht Medien GmbH
Ferdinand-Jühlke-Straße 7
99095 Erfurt, Deutschland
produktsicherheit@kolibri360.de